BATTENBERG · KLEINE ANTIQUITÄTEN-REIHE

SCHÖNE
UHREN

BATTENBERG · KLEINE ANTIQUITÄTEN-REIHE

SCHÖNE
UHREN

SIMON FLEET

BATTENBERG VERLAG MÜNCHEN

Vorbemerkungen

Die Farbphotos stammen, soweit nicht anders vermerkt, von John Hedgecoe. Für die freundliche Überlassung von Unterlagen für die im einzelnen angegebenen Bilder und Tafeln haben Autor und Verlag folgenden Institutionen, Firmen und Personen zu danken:
Kuratorium des British Museum: Tafeln IV, VIII, IX, XXII, XXIII, XXIV, XXV, XXIX, XXXI, Bilder 21, 25, 38, 45, 49, 65, 75, 78, 84, 85, 86, 87; Victoria and Albert Museum, London: Tafeln X, XI, XII, XIV, XVI, XVII, XVIII; Bilder 22, 52; The Science Museum, London: Bilder 3, 4, 5, 6, 7, 8, 9, 10, 13, 14, 37, 72, 79, 82, 98; The Clockmaker's Companie Museum, London: Tafeln I, II, III, VI, VII, XXVI; Vatikanisches Museum, Rom: Bild 57; Conservatoire des Arts et Métiers, Paris: Tafel V, Bild 36 (Photo Giraudon); Eremitage, Leningrad: Bild 61; Akademie San Fernando, Madrid: Bild 33; The Whitefield House Collection, Guilsford (USA): Tafel XXXIII. Dr. Frank Tait: Tafel XXI (Photo William Henderson); Felix Harbord Esq.: Tafel XIII; Mr. und Mrs. A. Bryden-Brown: Tafel XV; M. Pierre Martini: Bild 47; Country Life Ltd.: Bild 51; Godfrey Bonsack Ltd.: Tafel XXXII; Blairman Ltd.: Bild 63; Hausmann & Co: Bild 57; E. Hollander Ltd.: Bild 54; Messrs. Sotheby: Bild 97; Messrs. Christie; Bilder 48 und 72; Anton Lübke: Bilder 1, 9, 12, 15, 16, 17, 94, 95, 96. Druckerei Paul Dupont: Bilder 2, 69, 70, 81; Faber and Faber Ltd.: Tafel XXVII; E. und F. N. Spon: Bilder 19, 43, 50, 53, 55, 56, 58, 59, 60, 83, 89; Time Life Inc.: Tafel XXXIV; The Financial Times: Tafel XXXV (Photo Geoffrey Buggins); The Observer: Bild 74 (Photo Tessa Grimshaw).
Der Autor ist Dr. F. A. B. Ward, dem Science Museum, London, und Mr. Philip Coole vom British Museum für Rat und Hilfe zu besonderem Dank verpflichtet.

CIP-Kurztitelaufnahme der Deutschen Bibliothek

Fleet, Simon:
Schöne Uhren/Simon Fleet. –
München: Battenberg, 1985.
(Battenberg – Kleine Antiquitäten-Reihe)
Einheitssacht.: Clocks <dt.>
ISBN 3-87045-940-9

Gesamtherstellung: F. Spiegel Buch, Ulm
Umschlag: Herbert Tausend, München

Printed in Germany

Inhaltsübersicht

1 Anaximander mit Sonnenuhr; Ausschnitt von einem Mosaik aus Trier (Ende des 2. Jahrhunderts n. Chr.)

ERSTES KAPITEL

Zeitmesser des Altertums

Wenn es auch nicht bekannt ist, vor wie vielen Jahrtausenden irgend jemand zum erstenmal bemerkte, daß der von einem Baum oder von ihm selbst geworfene Schatten zu verschiedenen Tageszeiten in verschiedene Richtungen wies, so wissen wir doch, daß der Mensch die Zeit zuerst am Fortschreiten des Schattens ablas und daß ein in den Boden gesteckter Stab die *erste Uhr des Menschen* war [Bild 2].

Wann der Schattenstab oder Gnomon erstmals zur Zeitmessung verwendet wurde, berichtet Herodot (*425 v. Chr.), wonach die Hellenen [Bild 1] den Gnomon sowie die Einteilung des Jahres und des Tages von den Chaldäern übernahmen, jenem semitischen Volk Babylons, das um 600 v. Chr das assyrische durch das chaldäisch-babylonische Weltreich ersetzte und von dem später im Irak und Iran ein großer Teil zum Christentum übertrat. Auch sollen die Chaldäer zuerst eine Hohlkugel als Sonnenuhr benützt haben [Bild 3], mit der sie die Halbkugel des Himmels versinnbildlichen wollten.

Der in die Erde gesteckte Sonnenstab war jedoch nicht das einzige Hilfsmittel, um den wandernden Schatten zu messen. Die alten Ägypter benützten feststehende Obelisken, die als Kultsinnbilder meistens paarweise vor den Tempeltüren standen, auch als Gnomon. Ein von Plinius beschriebener 25,5 m hoher Obelisk, der 39 n. Chr. von Caligula aus Heliopolis nach Rom gebracht worden war, steht heute auf dem Petersplatz [Bild 6], wo Papst Sixtus V. ihn später hat aufstellen lassen. Halten wir Umschau bei den alten Kulturvölkern, begegnen wir vielen, die aufrecht stehende Stein-

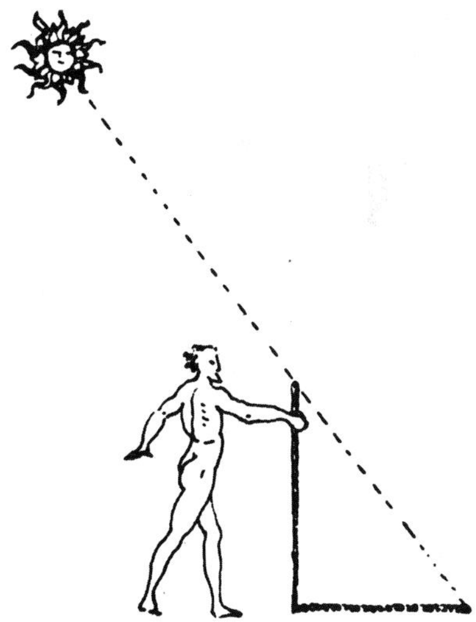

2 Schema der ersten Sonnenuhr

3 Gipsabdruck einer römischen Halbkreis-Sonnenuhr

blöcke als Schattenwerfer oder Visierpunkte benützten. Aus noch vorhandenen Steinbauten der Inkas ermittelte man, daß sie sich sehr eingehend mit der Astronomie beschäftigten und steinerne Sonnenuhren kannten. Bekannt ist eine merkwürdige Anlage von Steinblöcken, das sogenannte *Stonehenge* (Steinring), etwa 13 km nördlich der Stadt Salisbury (England). Man nimmt an, daß diese Anlage eine große Sonnenuhr war, mit der die Druiden, die in der Geheimlehre und der Astronomie wohl bewanderten heidnischen Priester der keltischen Gallier, Briten und Iren, einst die Sonnenwende bestimmten.

Ähnlichkeit mit diesen uralten Sonnenuhren haben die steinernen Sonnenuhren des indischen Maharadschas Jai Singh, des Gründers der Stadt Jaipur, der mit 13 Jahren 1699 auf den Thron von Amber kam. Dieser hochintelligente Herrscher, der sich schon von Jugend an für Astronomie und Mathematik interessierte, verbesserte den Kalender, stellte neue astronomische Tafeln auf und baute in Delhi, Jaipur, Ujjain, Muttra und Benares steinerne Sonnenuhren, die an Großartigkeit ihresgleichen suchen [Bild 16]. Zwar erreichten sie nicht die Größe der Sonnenuhr, die der Tatarenprinz Ulug Begh (1393-1494) im Jahre 1420 in Samarkand von der Höhe der Sophienkirche errichtete; aber auf dem 24 m hohen Samray des Jai Singh in Jaipur wandert der Schatten stündlich vier Meter weiter, so daß er mit bloßem Auge verfolgt werden kann.

Neben der gewöhnlichen Flächensonnenuhr gab es im alten Ägypten Stufen- und Streiflichtsonnenuhren, bei denen die Kanten von Treppen und Mauern Schatten warfen und die Zeit anzeigten [Bild 5]. Im vierten Buch der Könige wird von einer Art Stufensonnenuhr des Königs Achaz (743 bis 728 v. Chr.) berichtet. 1913 wurde bei Kantara am Suezkanal eine altägyptische Streifensonnenuhr gefunden, von der noch Bruchstücke in englischen und französischen Museen aufbewahrt werden. Die Ägypter verbanden auch ihre Monumentalbauten mit den Geheimnissen des Universums. Die Cheopspyramide ist nicht nur eine gewaltige Grabkammer, sondern auch eine nach astronomischen Berechnungen ausgerichtete Sonnenuhr. Berücksichtigt man, daß der Tag-

4 Zeitstab eines tibetanischen Mönches aus Darjeeling im Himalaja (19. Jahrhundert)

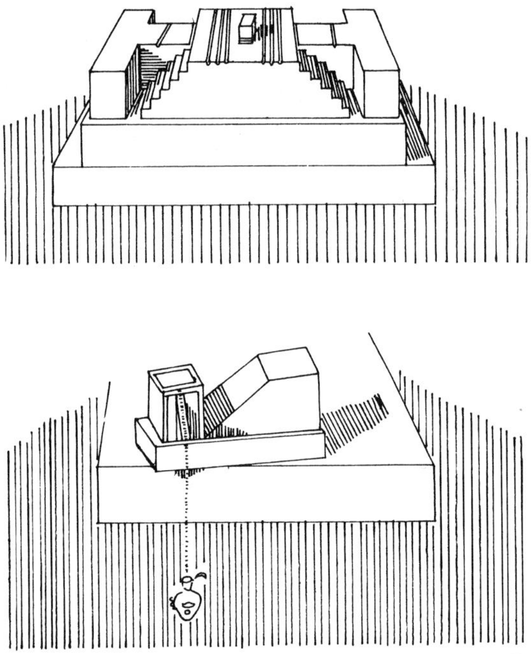

5 Ägyptische Streiflicht- und Stufensonnenuhren

6 Obelisk als Sonnenuhr, errichtet von Kaiser Augustus. (Nach einem alten italienischen Druck)

7 Gipsabdruck einer sächsischen Sonnenuhr an der Kirche von Kirkdale in Yorkshire

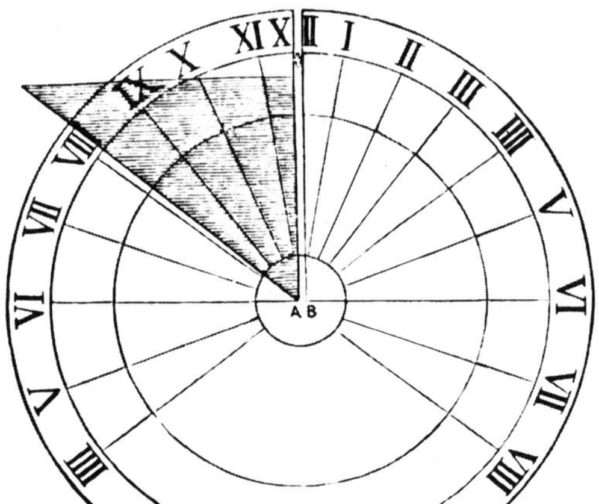

8 Schema, das den Ablauf einer Sonnenuhr zeigt

undnachtgleichepunkt auf der Ekliptik von Westen nach Osten ständig vorrückt und dadurch stets eine geringe, kaum merkbare Änderung der Jahreszeiten bewirkt und daß der Polarstern innerhalb 25 807 Jahren stetig seine Stellung ändert, bis er nach dieser Zeit wieder auf dem alten Platz steht (Präzession), so kann man daraus berechnen, wann der Polarstern beim Bau der Pyramide genau in der Achse eines engen Tunnels stand, der die Pyramide in der Richtung der Erdachse durchzieht, von dem man annimmt, daß er alle markanten Ereignisse der Weltgeschichte offenkundig macht. Der Zeitpunkt, an dem der Tunnel auf den Polstern ausgerichtet wurde, lag zwischen 2900 und 2750 v. Chr., so daß die Pyramide ein Alter von etwa 4800 Jahren hat.

Im Altertum dienten die Sonnenuhren vornehmlich zur Ermittlung des Äquinoktiums, also des Zeitpunkts der Tagundnachtgleiche im Frühling. Für die Aussaat war die Ermittlung dieses Zeitpunktes wichtig, für die Ägypter der Zeitpunkt, wann der Nil über die Ufer trat. Im Mittelalter dienten kleine Sonnenuhren aus Holz oder Metall, die man in der Tasche trug, auch als wirkliche Zeitgeber. Tibetanische Mönche benützen heute noch achteckige Wanderstäbe, durch die kreuzweise ein Stab gesteckt wird, zur Ermittlung der Zeit [Bild 4].

Um ein begrenztes Zeitmaß zu ermitteln, war neben der Sonnenuhr die *Wasseruhr* mit vielseitigen Verwendungszwecken im Gebrauch. Im alten Griechenland war die *Klepsydra*, d. h. Wasserstehler [Bild 9], allgemein gebräuchlich und diente dazu, aus einer Zisterne Wasser zu entnehmen. Für besondere Zwecke wurden sie auf eine bestimmte Menge Wasser geeicht, z. B. wenn sie dazu dienen sollte, die Länge einer Rede vor Gericht festzulegen. Von den Geschichtsschreibern wird berichtet, Julius Caesar sei erstaunt gewesen, auch bei den Galliern Wasseruhren gefunden zu haben. Einer der bedeutendsten Ärzte der Alexandrinischen Zeit, Josephilos, bediente sich schon einer kleinen Taschenklepsydra, um den Puls eines Patienten zu messen. Von Heron von Alexandrien wissen wir, daß auch Tempelautomaten durch Wasser betrieben wurden.

Verwendet wurden sowohl Einlauf- als auch Auslauf-

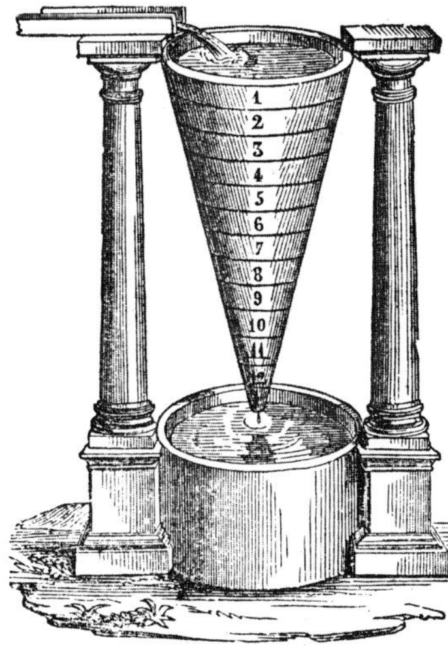

9 *Oben:* Wasseruhr des Alexandriners Ktesibius (etwa 100 v. Chr.), rekonstruiert von Jürgen Abeler, im Historischen Uhrenmuseum von Elberfeld. *Unten:* Klepsydra

10 Abguß einer Wasseruhr aus dem Tempel zu Karnak (1415-1380 v. Chr.)

Wasseruhren; man benützte den Wassertelegraph, der aus einem Wasserbehälter bestand, auf dessen Wasseroberfläche ein Schwimmer mit einem Stab schwamm, der, wenn er eine bestimmte Höhe erreicht hatte, ein Signal gab, oder ein mit einem Loch im Boden versehenes Hohlgefäß, in das durch das Loch Wasser noch oben strömte, dessen Höhe an den Skalen der Seitenwände gemessen wurde [Bild 12].

An aufgefundenen Weihegeschenken in Form von kleinen tönernen Wasseruhren, die einen Affen darstellten, der in einigen orientalischen Sprachen als das Sinnbild der Zeit galt, kann man ermessen, einen wie hohen, göttlichen Wert man der Wasseruhr im alten Ägypten beimaß.

Vitruv nennt als Erfinder der Wasseruhr Ktesibius von Alexandrien (etwa 150 v. Chr.). Sie war schon mit Zahnrädern ausgestattet, und in ihr sollen sich durch die Kraft des Wassers eine Säule und Figuren bewegt haben und fallende Kugeln und Eier ausgelöst worden sein. Jürgen Abeler hat diese Uhr für sein Historisches Uhrenmuseum in Elberfeld rekonstruiert [Bild 9]. Die Uhr besteht aus einem rotierenden Zylinder, auf dem die Kurven der wechselnden Stundenlängen während der Jahreszeiten aufgezeichnet sind. Zu beiden Seiten stehen kleine Figuren, rechts eine Putte, die Tränen vergießt, weil ihr der Faun links den Pfeil gestohlen hat, mit dem er auf dem sich drehenden Zylinder die Zeit anzeigt. Die in ein Muschelgefäß fallenden Tränen der Putte bewirken, daß sich der Wasserspiegel im Inneren des Gehäuses langsam hebt, auf dem ein Schwimmer mit dem Faun langsam in die Höhe steigt und auch den Zylinder in Drehung hält.

Der Gebrauch der Wasseruhr war weit verbreitet. Heute steht noch in Athen der berühmte „Turm der Winde“ [Bild 11], ein achteckiges Gebäude, das einst eine Wasseruhr barg, die vom Wasser, das von der Akropolis den Berg herabfloß, gespeist wurde. An den acht Seiten des Dachrandes befanden sich nicht nur acht Sonnenuhren, die alle auf den jeweiligen Stand der Sonne ausgerichtet waren, sondern auch ein plastischer Fries, der die Winde aus den verschiedenen Himmelsrichtungen versinnbildlicht. Der Turm stand in so hohen Ehren, daß selbst die Türken, während sie Griechenland besetzten, ihn nicht zu zerstören wagten.

11 Turm der Winde in Athen (Nach einem alten Druck)

12 Singhalesische Sinkwasseruhr

Wasseruhren waren auch im alten China nicht unbekannt. Obwohl die alten Chinesen in der Himmelskunde sehr bewandert waren, haben die Araber maßgeblichen Einfluß auf ihre Astronomie ausgeübt und mehr als tausend Jahre die staatlichen astronomischen Ämter beeinflußt, bis der deutsche Jesuitenmissionar und Astronom Johann Adam Schall im 17. Jahrhundert in China Kalender und Himmelsmessungen reformierte. Auch Wasseruhren konnten die Chinesen bauen. Die neuere Übersetzung eines lange vernachlässigten Manuskriptes von Su Lung (1020-1101) berichtet von einer Monumentalwasseruhr, die mit einer Hemmung versehen war, d. h. das Wasser wurde nur in kleinen Impulsen auf ein Antriebsrad weitergegeben. Diese einzigartige Wasseruhr wurde von dem Tantristenmönch Chang-Suis (632-727) unter Mitarbeit von Ling-Tsang gebaut. Jürgen Abeler in Elberfeld ist es gelungen, für sein Historisches Uhrenmuseum auch das Hemmungsprinzip dieser Wasseruhr zu rekonstruieren.

Sowohl Sonnenuhren als auch Wasseruhren hatten ihre Nachteile. Die Sonnenuhr konnte nur bei Sonnenschein benützt werden, und Wasseruhren waren in nördlichen Gegenden im Winter durch Einfrieren unbrauchbar. Um die Zeit bei jeder Gelegenheit bei Tag und Nacht stückweise messen zu können, bedienten sich die Klöster im Mittelalter auch der *Kerze* und *Öllampe* als Zeitmesser. Die Zeit, in der das Öl in einem mit Skalen versehenen Gefäß verbrannte oder eine Kerze sich in der Flamme verzehrte, diente ihnen als Maß [Bild 13]. Alfred der Große, König von Wessex, gelobte, er werde ein Drittel seiner Zeit dem Dienste Gottes weihen, wenn er sein Königreich wiedererlange. Das Gelöbnis erfüllte er später, indem er täglich acht Stunden dem Gottesdienst weihte, die er mit Kerzen maß. Der hl. Hermann Josef, im 13. Jahrhundert Mönch im Kloster Steinbach (Eifel), bestimmte als Sakristan nach dem Stand der Sterne zur Nachtzeit mit Hilfe einer Kerze die Zeit, wann die

13 Deutsche Öluhr aus dem 18. Jahrhundert. Die Zeit wird an dem Glase beim Sinken des Ölspiegels während der Verbrennung angezeigt

I Eiserne Uhr mit Glocke, 15. Jahrhundert, etwa 51 cm hoch, wahrscheinlich deutscher Herkunft; jetzt im Museum der Uhrmacher-Innung London

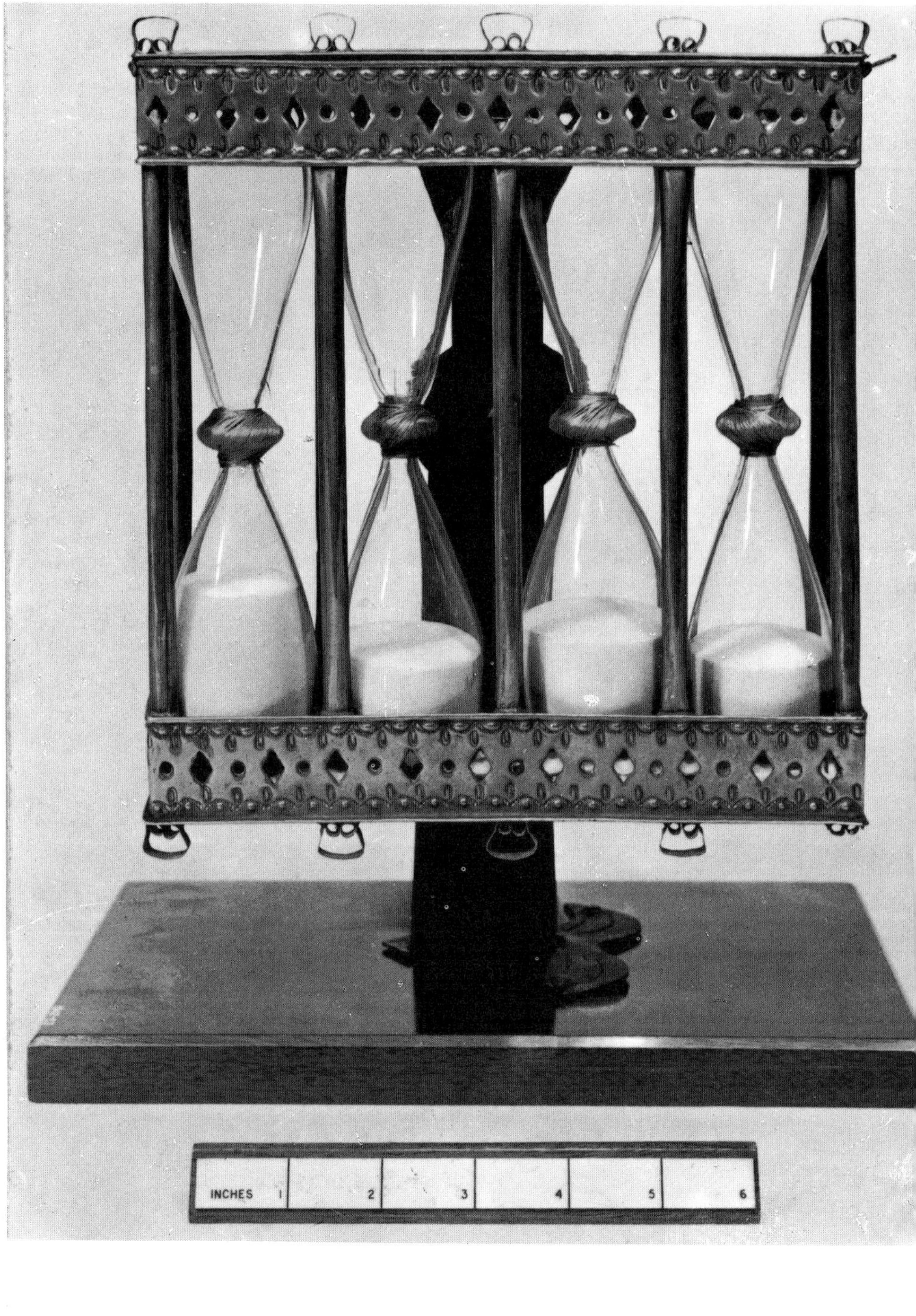

14 Ein Satz Sanduhren in Messingrahmen

Klosterbrüder zum Chorgebet geweckt werden mußten. Da er sich auch auf die Anlegung von Sonnenuhren verstand, wird er als der Patron der Uhrmacher angesehen. Auch König Karl V. teilte seinen Tag mittels einer Kerzenuhr in vier gleiche Teile. Weit verbreitet war die Öluhr, die zuerst eine zylindrische Form hatte, später eine birnenförmige Gestalt bekam. Zu den Feueruhren gehörten auch die Nachtlichtuhren und die Mittagskanonen. Erstere waren entweder gewöhnliche Uhren, deren Zifferblatt mit einem Öllämpchen aus dem Inneren erleuchtet wurde [Bild 67, Tafel XIX], oder sie bestanden aus einer Milchglaskugel, die innen erleuchtet und mit einem Ziffernring bemalt war, der sich dann langsam an einem feststehenden Zeiger vorbeidrehte. Eine Mittagskanone war mit einem Brennglas und einer kleinen Kanone ausgestattet. Wenn die Sonne am höchsten stand, fiel ihr Strahl auf das Brennglas und löste in der Kanone einen Schuß aus.

Die Erfindungsgabe der Chinesen führte sie auch zur Verwendung von *Feueruhren* [Bild 15]. Die einfachste Art war eine pyramidenförmige Spirale aus einem leicht glimmenden Stoff, in den kleine Metallkugeln eingelassen waren, die beim Durchbrennen in ein darunter stehendes Metallbecken fielen. Eine andere Art Wecker-Feueruhren bestand in einem länglichen Bronzerost, auf den ein Räucherstäbchen gelegt wurde, das kreuzweise mit einem Faden behängt war, an dem Metallkugeln hingen. Sobald der Faden nach dem Verglühen des Räucherstäbchens an einer bestimmten Stelle durchbrannte, fielen die Kugeln in ein klingendes Becken.

Kein anderer Zeitmesser des agrarischen Zeitalters hatte eine so große Bedeutung und Verbreitung wie die *Sanduhr* oder das *Stundenglas* [Bilder 14 und 35]. Erst im 15. Jahrhundert tritt die Sanduhr neben der Räderuhr in Erscheinung. Man nannte sie Seiger, wovon auch das Wort Zeiger abgeleitet wurde. 1665 veröffentlichte der italienische Schriftsteller Martinelli eine Abhandlung über die Sanduhr und bezeichnete sie als etwas ganz Neues. Allerdings wird schon von Heron von Alexandrien berichtet, daß er in einem von ihm erfundenen Automaten Sand, Hirse- oder Senfkörner verwendete, um damit eine Gewichtsverlagerung zu

15 Chinesische Feueruhren. *Oben:* Glimmuhr. *Mitte:* ein Becken, auf das ein Räucherstäbchen gelegt wird, das einen kreuzweise darüber gelegten Faden durchbrennt.
Unten: Zeitangabe durch einen Funken, der die verschlungenen Furchen des Irrgartens durchläuft

II Wanduhr mit Schlagwerk, 15. Jahrhundert, ohne Angabe des Herstellers, wahrscheinlich deutsch; Höhe etwa 38 cm; jetzt im Museum der Uhrmacher-Innung, London

III Deutsche Tischuhr, um 1580; Hersteller unbekannt. Das vergoldete Zifferblatt zeigt die Stundenzahlen I–XII und 13–24. Jetzt im Museum der Uhrmacher-Innung, London

16 Der große Samraj und die zwölf Monatsuhren des Jai Singh im Observatorium in Delhi (18. Jahrhundert)

erreichen. Als Erfinder der Sanduhr wird Cherubino Sforziani angesehen, dem der 1584 verstorbene Prosper Clementi, ein Schüler Michelangelos, im Dom zu Reggio ein Denkmal setzte. In der Folgezeit breitete sich in dem Maße, wie das Glasmachen sich vervollkommnete, auch der Gebrauch der Sanduhr zur Zeitmessung immer mehr aus. Nürnberg war Ende des 17. Jahrhunderts eine Zentrale der Sanduhrmacher, obwohl die Sanduhr schon seit dem 14. Jahrhundert bekannt war; denn in einem 1339 verfaßten Wirtschaftsbuch eines Pariser Bürgers wird auch ein Rezept angegeben, wie Uhrensand hergestellt werden kann. Nürnberg erreichte aber den höchsten Stand der Sanduhrenherstellung. Ein bekannter Sanduhrenmacher war Andreas Zick, der um 1664 für die Stadt Wien eine Sanduhr aus vergoldeter und gravierter Bronze herstellte. Der letzte Nürnberger Sanduhrmacher war im Nürnberger Adreßbuch von 1812 unter dem Namen Wolfgang Tobis Stoer verzeichnet.

Sanduhren waren in früheren Jahrhunderten deshalb so bedeutungsvoll, weil sie den Seeleuten auf ihren Segelschiffen zum Messen der Zeit dienten. Zur Orientierung auf dem Meere benützte man bei Tag den Sextanten zum Anvisieren der Sonne, und des Nachts orientierte man sich am Stand der Sterne. Aber zum Messen der Zeit konnten Sonnen-, Wasser- oder Feueruhren nicht verwendet werden; dazu war eine Sanduhr, die unabhängig von den Schwankungen des Schiffes war, am geeignetsten. Seit jenen Zeiten hat sich auch auf unseren modernen Schiffen der Begriff Glasen noch erhalten, eine bestimmte Zeit für die Wachhaltung. Der Mathematiker und Astronom John Dee (1527-1608) bemühte sich um die Ausrüstung von Schiffen, zu der auch Sanduhren mit halber, ganzer und dreistündiger Laufzeit gehörten. Es gab damals sogar Gläser, die zwölf Stunden ununterbrochen laufen konnten. Oft begegnen wir der Sanduhr auch in der Kunst, so in den bekannten Kupferstichen „Ritter, Tod und Teufel“, „Hieronymus“ und „Melancholie“ von Dürer; auch Holbein (1494-1543) verwendete in seinen Bildern oft die Sanduhr als Sinnbild des ablaufenden Lebens und der Vergänglichkeit.

17 Taschensonnenuhr Kaiser Friedrichs III. (1515-1595)

IV Schlaguhr aus dem 17. Jahrhundert. Beim Stundenschlag bewegt der Neger die Hand, und der Hund zu seinen Füßen springt

V Vergoldeter Bronze-Globus mit Uhr. Das Werk stammt von Jost Burgi zu Kassel (1580). Jetzt im Konservatorium der Künste und Handwerke, Paris

18 „Die Zeit ist des Menschen Engel“ (Schiller)

ZWEITES KAPITEL

Ursprung der Räderuhr

Nachdem der Mensch seit urdenklichen Zeiten zur Messung der Zeit sich der Methoden bedient hatte, die im ersten Kapitel beschrieben wurden, ging er dazu über, die Zeit mechanisch zu messen, wobei er dann, wie an verschiedenen Stellen hervorgehoben wird, feststellen mußte, daß die Räderuhr im Gegensatz zur Sonnenuhr ein starrer Zeitgeber ist, der sich nicht nach dem Sonnenumlauf richten konnte. Wie die Erfindungen von Sonnen-, Wasser-, Feuer- und Sanduhren sich im Dunkel der Geschichte verlieren, so weiß man auch nicht genau, wer die Räderuhr erfand und wann das war.

Man hat den Archidiakon von Verona, Pazificus (gest. 846), als den Erfinder der Räderuhr angesehen. Andere sprechen die Erfindung Gerbert von Aurilac (etwa 950-1003) zu, der von Mönchen in Aurilac erzogen, später Erzbischof von Reims und schließlich Papst Sylvester II. wurde. Der englische Geschichtsschreiber Wilhelm von Malmesbury berichtet, daß Gerbert auf der arabisch-spanischen Hochschule studiert habe und dort mit der arabischen Astronomie und Zeitmeßkunde vertraut wurde. Claudius Saunier nennt in seinem Uhrenbuch einen Pater Alexander, der von Gerbert bezeugt, daß er 996 n. Chr. jene bewundernswerte Uhr in Magdeburg baute, in der die Verwendung von Gewichten so sehr überraschte. Dichtung und Wahrheit, Wissenschaft und praktische Gestaltung werden hier dem Chronisten zweifellos Pate gestanden haben. Auch der deutsche Abt Wilhelm von Hirsau (gest. 1091) wird neben Gerbert als der Erfinder der Räderuhr genannt. Der berühmte Moselaner Humanist

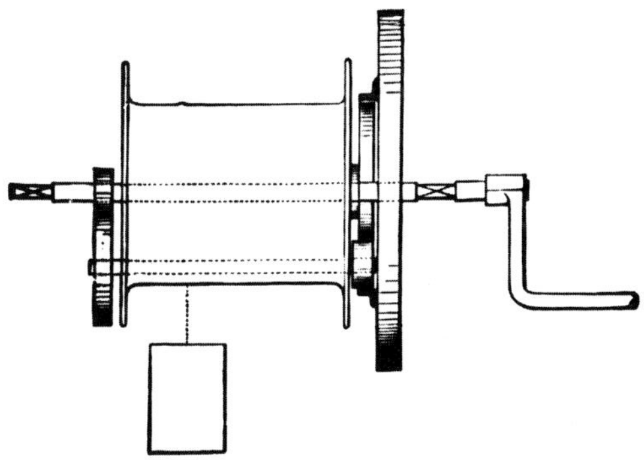

19 Schema des Prinzips des in einen Brunnen sinkenden Eimers, wie es auch bei der Gewichtuhr angewendet wird

VI Monstranzuhr
von F. L. Berg in
Augsburg (1719),
jetzt im Museum der
Uhrmacher-Innung,
London

VII Laternenuhr mit Stundenschlag, etwa 32 cm hoch, signiert: *Jeffry Baylie at ye turn-Style in Holburn fecit.* Im Museum der Uhrmacher-Innung, London

20 Schmiedeeiserne gotische Uhr aus Würzburg (spätes 15. Jahrhundert)

Johannes Trithemius (1462-1516) berichtet von einer Gewichtuhr, die im Auftrag des Sultans Saladin von Ägypten ein sarazenischer Handwerker angefertigt haben soll, wofür er 5000 Gulden bekam. Der Sultan schenkte diese Uhr 1232 dem Hohenstaufenkaiser Friedrich II.

Die ersten Räderuhren waren von sehr einfacher Art. Die in diesen Uhren sich auswirkende Kraft war ähnlich wie die eines in einen Brunnen herabsinkenden Eimers, durch dessen Schwere eine Kurbel in Bewegung gesetzt wird [Bild 19]. Wie aber konnte man verhindern, daß das Gewicht ungehindert herniedersank? Man erfand eine Vorrichtung, mittels der die Antriebskraft des Gewichtes nur in winzigen gleichmäßigen Impulsen sich auswirkte, eine Funktion, die als Hemmung bekannt ist [Bilder 56 und 83]. Durch alle Jahrhunderte hindurch haben sich die Uhrmacher mit der Konstruktion der Hemmung beschäftigt, von der die präzise Funktion einer Uhr abhängt. Die erste Hemmung war die Waag [Tafel I], ein horizontaler Balken, der, angetrieben durch das Gewicht, über der Uhr hin- und herpendelte und durch Verschieben von Gewichten auf den beiden Schenkeln langsamer oder schneller in Bewegung gehalten wurde. Es wird angenommen, daß es sich um eine arabische Erfindung handelte.

Wie diese ersten Gewichträderuhren ausgesehen haben, ist durch alte bebilderte Handschriften überliefert. Darin findet man beispielsweise die Gestalt der Klugheit oder Weisheit dargestellt mit einer Gewichtuhr in der Hand. Daraus wurde für die Uhren die Bezeichnung „Weisheitsuhren" hergeleitet. Sie erscheinen auch auf flämischen Wandteppichen, von denen schöne Einzelstücke im Madrider Nationalmuseum und in der Kunstgalerie zu Glasgow zu sehen sind. Die „Klugheit" versinnbildlicht darauf die Gestalt der „Arithmetica" [Bild 21].

Auch ist man sehr gut über die erste Gewichtuhr unterrichtet, die Giovanni de Dondi 1364 in Italien konstruiert haben soll, von der uns Zeichnungen überliefert wurden. Aus der Beschreibung geht auch hervor, daß die Uhr aus Messing gefertigt war, im Gegensatz zu anderen alten Uhren, die alle aus in Holzkohlenfeuer geschmiedetem Eisen

21 Allegorische Figur, eine Gewichtuhr tragend. Stich von Marten de Vos (16. Jahrhundert)

VIII Vergoldete, federgetriebene Sägeuhr, hergestellt von Moosbrücker in Zabern, um 1780

bestanden und deshalb nicht rosteten [Bild 20]. Messing war bereits im Altertum in den Mittelmeerländern (z. B. Ägypten) bekannt. Die Dondi-Uhr soll bis 1585 in Italien aufbewahrt worden sein. Sie kam dann nach Spanien, wo sie in den Kriegswirren (1809) zerstört wurde. Nach Dondis heute in einer Mailänder Bibliothek aufbewahrten lückenlosen Zeichnungen wurde diese Uhr von dem Engländer H. Allan Lloyd rekonstruiert und befindet sich im Smithsonian Institut in Washington. Ob Italien der Primat für die Erfindung der Räderuhr durch Dondi zugesprochen werden kann, dürfte im Hinblick darauf, daß schon die Araber Vorarbeit geleistet haben, zweifelhaft sein. Hingegen ist sicher, daß sich die Herstellung von Räderuhren vom Süden aus verbreitete und nach und nach in Nürnberg, Augsburg, Ulm und Kassel den neuen, an die Zünfte gebundenen Handwerkszweig des Uhrmachers ins Leben rief.

Um 1500 wurde in Italien und wenig später auch in Süddeutschland das Gewicht durch eine Feder als Antriebskraft ersetzt. Viele berühmte Philosophen, Mathematiker, Astronomen und Techniker haben sich in früheren Jahrhunderten mit der Federzuguhr beschäftigt. Der Philosoph Cardanus (1501-1576) veröffentlichte als einer der ersten wertvolle und interessante Gedanken über die Federuhr in einem zehnbändigen Werk. Die Erfindung der Federzuguhr wurde Peter Henlein aus Nürnberg zugeschrieben. Aber der Gedanke war nicht neu, denn Federn konnte man schon in der Antike für Türschlösser herstellen, und in Leonardo da Vincis (1452-1519) Notizbüchern wird die Feder dargestellt, obwohl man nicht weiß, ob er sie schon praktisch angewandt hat. Ursprünglich waren diese Federzuguhren trommel- oder dosenförmig so wie auch die Taschenuhr von Peter Henlein [Tafel III und Bild 23]. Die feinmechanische Fertigkeit gedieh aber schon im 16. Jahrhundert, einige Jahrzehnte nach Henleins Tod so, daß man eine Federzuguhr in einen Bisamapfel einbauen konnte, jenem eiförmigen, durchbrochenen, am Hals getragenen Gefäß, das mit einem parfümierten Schwamm gefüllt war. Man nannte diese Uhren *Nürnberger Eierlein* (hergeleitet von *hora* = Stunde; Örlein). Das Zifferblatt dieser ersten dosenförmigen Tisch-

22 Deutsche Uhr in einem vergoldeten gotischen Gehäuse. Süddeutsche Arbeit, um 1520

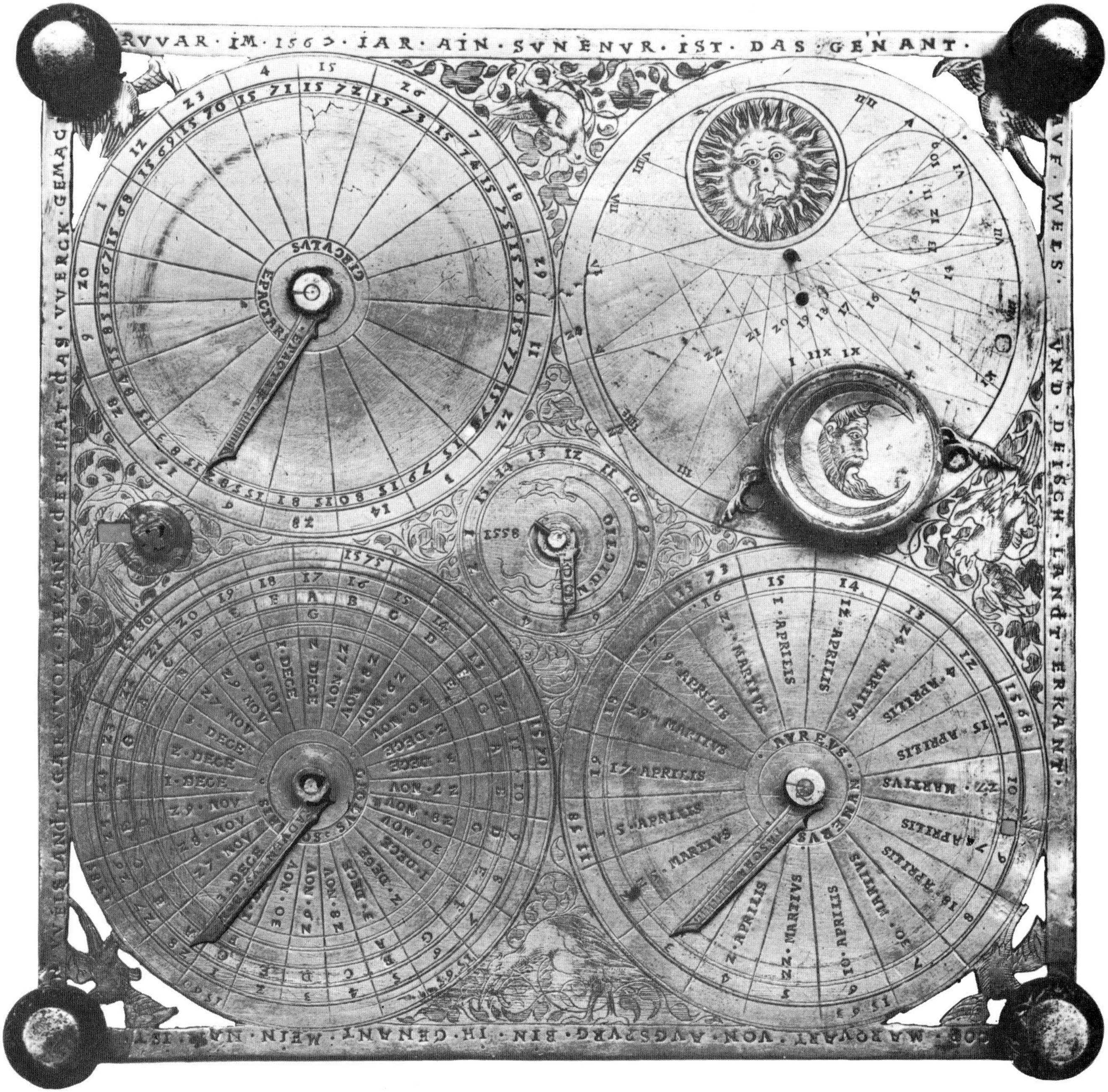

23 Unterseite einer Tischuhr mit Kompaß und astronomischen Zifferblättern; hergestellt von Jakob Marquart, Augsburg 1567

24 Trommelförmige Tischuhr mit Weckerglocke

25 Deutsche Uhr um 1600, eine der frühen Radschloß-Weckeruhren

26 Trommeluhr mit abnehmbarer Weckeruhr, um 1600

27 Sogenannte Monstranzuhr, etwa 36 cm hoch. Hergestellt 1506 in Augsburg

uhren war oft mit einem Deckel mit zierlich durchbrochenen Ornamenten versehen, um die Durchsicht zu gestatten. Wie im Laufe der Zeit die Pendeluhr mit einem Schlagwerk ausgestattet wurde, so bekam auch die Federzuguhr eine Weckvorrichtung. Der Mechanismus wurde schließlich so verfeinert, daß sogar Taschenuhren mit Weckvorrichtungen, beweglichen Figuren und mit einem Spielwerk ausgestattet wurden. Von der kleinen Federzuguhr ging man schließlich dazu über, größere Uhren in aufrecht stehender Form mit Federzug auszustatten, die oft ein sehr eigenwilliges Gepräge aufwiesen, wie die Uhren von Augsburg beweisen [Tafel IV], und die dann andernorts nachgeahmt wurden. Manche dieser Uhren machten Angaben über die Planetenbewegungen, den Mondstand oder das Datum [Bilder 27 und 28]. Astronomie und Uhren standen von jeher in einem engen Verhältnis, denn die Zeit wird ja im weitesten Sinne durch die Bewegung unserer Erde bestimmt. Astronomische Kleinuhren wurden schon in früheren Zeiten nicht nur von Fachgelehrten und Uhrenliebhabern geschätzt, sondern auch von jenen, die an den Zusammenhang von Sternstellungen und Schicksal glaubten. Wußte einer, unter welchem Tierkreiszeichen er geboren war, so erkannte er aus der Stellung der Fixsterne und Planeten, die seine astronomische Uhr anzeigte, ob diese Stellung für ihn günstig oder ungünstig war. Einer der berühmtesten Uhrmacher, der 1552 geborene Schweizer Jost Burgi, verbesserte die Verläßlichkeit der Uhr erheblich durch die von ihm erfundene Kreuzschlag-Hemmung. Seine astronomische Uhr, die er 1580 schuf, zeigt diese Verbesserung. Heute befindet sich diese Uhr im Konservatorium der Künste und Handwerke in Paris [Tafel V]. Auch andere Museen, beispielsweise die Staatlichen Kunstsammlungen in Kassel, besitzen Uhren von Burgi.

Da Uhren mit Federantrieb im Gegensatz zur Pendeluhr nur einen geringen Raumbedarf haben und ihr Gang auch unabhängig von ihrer Lagerung ist, konnte man hinsichtlich ihrer äußeren Ausstattung der Phantasie freien Lauf lassen. So ergab sich eine Verbindung von Zweckbestimmung (Zeitangabe) mit künstlerischer Ausstattung. Menschliche und tierische Figuren belebten oft das Bild dieser Uhren [Bild

28 Tischuhr aus Goldbronze. Hergestellt in Augsburg um 1560

29]. Diese Art Uhren boten seinerzeit die köstlichste Zerstreuung, und man unterhielt durch sie auch seine Gäste [Tafel VI]. In dieser Zeit schuf Hans Schlotheim eine berühmte Automatenuhr, *Turm von Babel* genannt, die mit rollenden Kugeln angetrieben wurde und ein Musikwerk besaß. Gleich künstlerisch war die goldene Segelschiffuhr, die zu bestimmten Zeiten die Bewegung von Schiffen nachahmte.

Eine viel einfachere Uhr für Leute, die nur die Zeit erfahren wollten, ohne auf Verzierungen Wert zu legen, war die Hausuhr des früheren 17. Jahrhunderts, die sogenannte Laternenuhr, die teilweise aus Messing gefertigt und mit einem Zeiger versehen war. Sie zeigt noch die erste Form der Räderuhr mit der Waag [Tafel VII].

Um fast dieselbe Zeit, in der sich das Uhrmacherhandwerk von Süden nach Norden ausbreitete, fand es auch Eingang zum Westen. Franz I. (1494-1547) hatte italienische Renaissancehandwerker zu sich geladen, die ihm auch Uhren mitbrachten, die von den Franzosen nach eigenen Ideen umgewandelt wurden. Sie bauten beispielsweise in diese Uhren ein Schlagwerk ein, das den anderen Uhren weit überlegen war und heute noch hergestellt wird [Bild 30].

Da eine eben aufgezogene Feder mehr Kraft entwickelt als eine fast abgelaufene, suchten die Uhrmacher nach Möglichkeiten, die Zugfeder in ihrer Leistung gleichmäßig zu gestalten. Die Uhrfeder wurde zuerst aus gewöhnlichem in Holzkohlen geschmiedetem und dann gehärtetem Eisen hergestellt. Sie waren in der Federkraft noch von geringem Widerstand, so daß sie keinen genauen Gang der Uhr gewährleisteten. Die unterschiedliche Zugkraft der Feder wurde mittels einer Schnecke sehr sinnreich ausgeglichen [Bild 31]. So wie die Zugfeder sich entrollte und an Kraft verlor, sorgte die Schnecke für den Ausgleich. Man ließ die Anfangskraft der Zugfeder auf einen kurzen Hebelarm und die schwächer werdende Kraft auf einen längeren

29 Kupfervergoldete Uhr mit silbernem Zifferblatt in den Klauen eines Greifen, dessen Schnabel und Flügel sich beim Stundenschlag bewegen. Hergestellt in Süddeutschland um 1620

30 Vergoldete französische Uhr aus dem 16. Jahrhundert

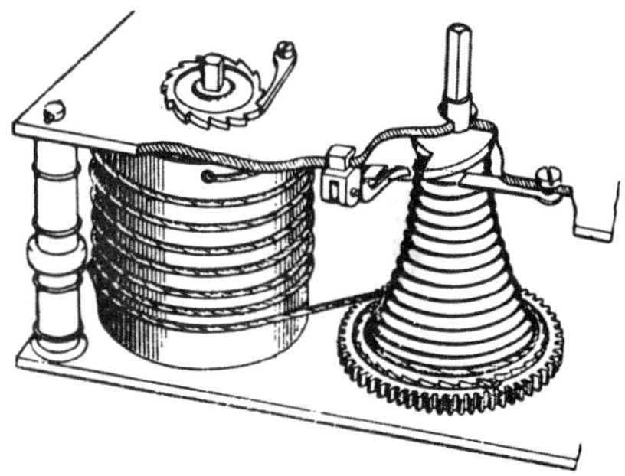

31 Federwerk einer Uhr mit Schnecke, die dazu dient, den gleichmäßigen Ablauf der Feder zu gewährleisten

Hebelarm wirken, eben jene konisch gestaltete Schnecke, auf die sich die Kraft der Zugfeder in der ersten Zeit über eine Darmsaite, später über ein dünnes Kettchen übertrug, das bei nur 12 cm Länge oft bis zu 80 Glieder aufwies. Wann die Schnecke erfunden wurde, weiß man nicht. Schon in dem Augsburger Uhrenbuch des aus Süddeutschland stammenden Fraters Paulus Alemanus aus dem Jahre 1477 wird die Uhrenschnecke erwähnt und die beiden französischen Mathematiker, Varigon und de La Hire, untersuchten zuerst wissenschaftlich die vorteilhafte Gestaltung der Schnecke in geometrischem Sinne, ohne daß sich ihre Resultate mit vollem Erfolg in der Praxis auswirkten. Später, als man verstand, besseren Stahl herzustellen, wurde die Schnecke entbehrlich. Durch die hochgezüchteten Stahlfedern, beispielsweise die Nivarox-Spiralfeder, konnte auch der dauernde genaue Gang einer Armbanduhr gesichert werden.

Uhren waren im Mittelalter Luxus, aber keine Bedarfsgegenstände. Gesandten dienten sie oft als diplomatische Geschenke. Doch, wie schon erwähnt, gingen diese Uhren, ob-

32 Florentiner würfelförmige Sonnenuhr mit italienischer Stundeneinteilung aus dem Jahre 1560

33 *Der Lebenstraum* von Antonio Pereda (1608-1678), die fliehende Zeit darstellend

wohl Objekte des Stolzes ihrer Besitzer, nicht eben genau. Schrieb doch der dänische Astronom Tycho de Brahe [1546 bis 1601] über die Unzuverlässigkeit der Uhren: „Meine Uhren enttäuschten mich, wenn ich sie zu einer Arbeit einsetzte, die Genauigkeit erforderte." Mehr Verlaß war auf die gewöhnlichen Sonnen- und Sanduhren [Bilder 32, 34 und 35].

Dennoch bezeugen die zahlreichen alten Uhrmacherzünfte in Paris (1544), in Nürnberg (1565), in Ansbach (1591), in Blois (1600) und Genf (1601), welche Bedeutung man der Räderuhr in dieser Zeit schon beilegte.

Das wachsende Interesse an Uhren erregte in der menschlichen Vorstellung das Gefühl für die Vergänglichkeit der Zeit. So erklärte sich auch, daß Künstler für ihre Gemälde mit Vorliebe als Sinnbilder abgelaufene Sanduhren, Totenköpfe, niedergebrannte Kerzen und entblätterte Rosen wählten. Hierin war beispielsweise Jan Breughel d. Ä. (1568 bis 1625) besonders groß, ebenso auch Antonio Pereda um die Mitte des 17. Jahrhunderts [Bild 33].

34 Eine kelchförmige Sonnenuhr aus dem Jahre 1596

35 Sanduhr aus dem Besitz der Maria Stuart

36 Französische Tischuhr mit Herkules als Träger. Aus dem 17. Jahrhundert

DRITTES KAPITEL

Pendeluhren – der Weg zur Genauigkeit

Da war ein Mann, er hatt'ne Uhr, sein Name Mister Maar;
Er zog sie jeden Abend auf schon fünfundvierzig Jahr.
Als endlich als Acht-Tage-Uhr die Uhr sich stellt heraus,
Schaut Mister Maars Gesicht so dumm wie selten wohl eins aus.

Wie schon erwähnt, gingen Räderuhren bis Mitte des 17. Jahrhunderts keineswegs genau. Deshalb hatten sie auch nur einen Zeiger, der die Stunden angab, und wurden ständig mit der Sonnenuhr verglichen. Erst durch die Erfindung des Pendels erreichte man den Isochronismus (gleiche Schwingungsdauer).

Nachdem 1583 Galileo Galilei beim Beobachten einer schwingenden Lampe im Dome zu Pisa das Pendelgesetz entdeckt hatte, sprach er 1637 in einem Briefe an P. Fulgenzio Micanzio von einem Zeitmesser, der an Genauigkeit alle bisherigen übertreffe. Er erziele damit nicht nur die Genauigkeit von einem Grad, sondern auch von Minuten, Sekunden, Terzen usw. Auf den Gedanken, das Pendel einer Uhr einzufügen, kam Galilei erst am Ende seines Lebens. Sein letzter Schüler Viviani erzählt, wie Galilei 1641, bereits erblindet, auf die Idee kam, das Pendel in eine Gewicht- oder Federzuguhr einzufügen in der Hoffnung, der sehr gleichmäßige und natürliche Gang des Pendels werde „alle Mängel der Kunst an Uhren“ zu beheben imstande sein. Obwohl der Apparat 1649 von Vinzenzio Galilei, seinem Sohn, dem er eine Zeichnung hinterließ, fertiggestellt war, konnte er die Wirkungsweise nicht mehr selbst studieren. Die Angaben

37 Modell der Pendeluhr von Galilei

38 Christian Huygens, der das Pendel als erster erfolgreich in eine Uhr einfügte

Vivianis werden auch in der Biographie von Nelli bestätigt, nach der die Witwe von Vinzenzio den Nachlaß ihres Mannes verkaufte, darunter auch die unvollendete Uhr.

1657 verwirklichte der Holländer Christian Huygens Galileis Traum. Mit der von ihm konstruierten Pendeluhr konnte er die Ganggenauigkeit so weit vervollkommnen, daß auch Minutenzeiger fortan zur Regel wurden und bald auch Sekundenzeiger hinzugefügt werden konnten. Zwar sind alle Zeichnungen von Christian Huygens und das Manuskript seines Hauptwerkes *Horologium oscillatorum* noch vorhanden, aber nur eine der von seinem Uhrmacher Salomon Coster konstruierten Uhren ist im „Rijksmuseum voor de Geschiedenis der Naturwetenschappen" in Leiden erhalten geblieben, während alle anderen dort aufbewahrten Huygens-Uhren nach den Zeichnungen rekonstruiert wurden.

Eine wesentliche Vervollkommnung der Huygensschen Pendeluhren wurde dreizehn Jahre später durch die Erfindung der Ankerhemmung durch William Clement und Robert Hook erreicht. Die mit einer Ankerhemmung ausgestatteten Pendeluhren ermöglichten es nunmehr, Getriebe von längerer Gangdauer als 30 Stunden, die bisherige Höchstleistung, zu erzielen. Dieses bedingte für den Antrieb schwerere und längere Gewichte und längere Uhrenkasten, die die Möglichkeit eines längeren Ablaufs der Gewichte in sich schlossen. So entstand die große Heimstanduhr, auch Großvateruhr genannt. Ursprünglich waren diese Uhren schmal, da sie außer den Gewichten nur ein kurzes Pendel aufzunehmen hatten. Als aber Robert Hook durch Versuche nachwies, daß ein langes Pendel besser arbeitete als ein kurzes, mußten sich die Großvateruhren der Schwingweite der Pendel anpassen, d. h. sie mußten breiter werden. Oft wurden die Langkastenuhren auch mit wertvollen Einlegearbeiten geschmückt [Bild 39].

In Friesland und Zaandam in Holland wurde eine kleinere Art von Uhren mit Gewichtantrieb entwickelt. Die Zifferblätter der friesischen Uhren [Bild 41] sind aus Blei gegossen und bunt verziert. Beiderseitig besitzen sie entweder Figuren von Seeweibchen (darum auch Seewifkes-Uhren genannt) oder von einem stilisierten Aal, beides Sinnbilder der entschwindenden Zeit. Die Zaandam-Uhren sind an den birnenförmigen Messinggewichten erkenntlich.

Noch bevor 1730 die ersten Kuckucksuhren im Schwarzwald hergestellt wurden, begannen Holzschnitzer um 1660 Pendeluhren aus Holz zu schnitzen und legten damit den Keim zu der Schwarzwälder Uhrenindustrie in Triberg, Schramberg, Emmendingen, Pforzheim und anderen Orten.

Als Karl II. (1630-1685) auf den englischen Thron zurückkehrte, brachte er viel Neues vom Festland mit nach London, das geeignet war, die Gemüter der Engländer aufzumuntern und sie tätig, betriebsam und wißbegierig zu machen. Im besonderen traf dieses auf die Uhrmacherei zu. Zur Zeit der Restauration war es Ahasueras Fromanteel, Mitarbeiter von Samuel Coster, der auch für Christian Huygens die Uhren herstellte, gelungen, die ersten Pendeluhren nach London zu bringen [Bild 40]. Damit begann die Glanzzeit der englischen Uhrmacherkunst. Tompion, Quare, Knibb und William Clement befanden sich unter den großen Lehrern und Erfindern [Bild 42].

Das 24-Stunden-System der Zeitmessung hatte sich mit ein oder zwei Ausnahmen in der westlichen Welt allgemein durchgesetzt, was dem gewaltigen Aufschwung der Uhrenherstellung zuzuschreiben war. Gleichzeitig wurde dem Menschen mit der Räderuhr die Vorstellung einer mittleren Sonnenzeit gegeben, die, in Abweichung von der wirklichen Sonne, Stunden von genau gleicher Länge hat. Man mußte also unterscheiden zwischen der wahren Sonnenzeit, die durch die Sonnenuhr angezeigt wurde, und der mittleren Sonnenzeit, die man auf der Räderuhr ablas. Die Sonnenuhr zeigte im Laufe des Jahres den jeweiligen höchsten Sonnenstand, also zwölf Uhr Mittag, nicht immer zum gleichen Zeitpunkt, während die Zeit in einer Räderuhr auf den gleichen Abständen der Zahlen auf dem Zifferblatt stets gleichmäßig abläuft. Manchen Bauern jedoch erschien die Idee einer Normalsonne in der Räderuhr nur der verrückte Einfall eines Stadtmenschen. In einem Dorf bei Chester, im Westen Englands, wurde damals der Uhrmacher Peter Clare ausgelacht, weil er behauptete, seine Normalzeit-Uhren seien maßgebend und nicht die Sonne. An einer Gedenk-

39 Englische Langkastenuhr, um 1680; gezeichnet *Wm Clement Londini fecit.* Das Gehäuse besteht aus Nußbaumfurnier mit Einlegearbeit aus verschiedenen Hölzern

40 Englische Laternenuhr aus Messing von Ahasueras Fromanteel aus dem Jahre 1670

tafel kann man dort noch lesen: „Hier ist die Hütte von Peter, dem schlauen alten Fuchs, der die Sonne zwang, sich nach der Zeit zu richten, die seine Uhren anzeigten.“

Heute können wir unsere Uhren nach den Radio-Zeitzeichen einstellen. Damals mußte man sie mittels Sonnenuhr und Ausgleichtafeln berichtigen. Das waren Tabellen, die für jede Stunde den Unterschied zwischen wahrer und mittlerer Sonnenzeit angaben. Bald kam eine Uhr in Gebrauch mit einem kleinen Ausgleichszifferblatt, das rechts den Hinweis „Sonne vor“, links „Sonne nach“ trug, dazu einen Zeiger, der auf eine Zahl, die genaue Größe der Abweichung, hinwies. Um die Wende des 15. und 16. Jahrhunderts gab es in Nürnberg bereits eine Uhr, deren Zifferblatt in 24 Stunden eingeteilt war und auf dem man die jeweiligen Tag- und Nachtlängen ablesen konnte.

Die Entdeckung des Pendel- und Schwerkraftgesetzes führte dazu, auf alle mögliche andere Weise die Schwerkraft zum Antrieb einer Uhr einzusetzen. Besonders bemerkenswert waren Kugeluhren, in denen auf einer schiefen Ebene herabgleitende Kugeln zum Antrieb dienen sollten. Meister von Kugeluhren waren beispielsweise Christian Marggrave in Prag, Christian Rohr in Leipzig, Hans Schlotheim in Augsburg u. a. Ein Meister dieser Art Uhren war auch der Franzose Groolier de Servière im 18. Jahrhundert, der herauszufinden trachtete, wieviel Zeit eine kleine Metallkugel benötigte, um eine schiefe Ebene von A bis B mehrmals zu durchlaufen. Im 18. Jahrhundert wurden Uhren entwickelt, die aus einer gezahnten Stange bestanden, an der das Gehäuse langsam herabsank, und die herabgleitende Schwere als Antriebskraft benützten. Man nannte diese Uhren Sägeuhren [Tafel VIII]. Isaak Habrecht, der Erbauer der zweiten Straßburger Münsteruhr (1574), konstruierte eine sogenannte Brettuhr oder Schiefe-Ebene-Uhr [Tafel VIII], die sich auf einer schiefen Ebene herabbewegte und durch ihre eigene Schwere in Gang blieb. Auf einem ähnlichen Prinzip beruht eine kugelförmige Uhr, die an einer Schnur von der Decke hing, langsam herabsank und durch die eigene Schwere in Gang gehalten wurde. Ein Zeiger auf dem Rund der Kugel zeigte die Zeit an [Bild 43].

42 Vorderansicht einer Uhr von Thomas Tompion, einem der berühmtesten englischen Uhrmacher; hergestellt für Sir Jonas Moore um 1676

41 Eine Frieslanduhr mit gegossenem Zifferblatt aus Blei

Kaum glaubwürdig erscheint es, daß die Uhr auch Schrittmacher des im 19. Jahrhundert erfundenen Films war. Vor Erfindung der Zündhölzer wurden Uhren hergestellt, die die Zeit im Dunklen anzeigen konnten [Bild 67]. Eine eindrucksvolle Wirkung erzielte eine Uhr, die nach Art einer Laterna magica ein vergrößertes Zifferblatt an die Wand warf [Tafel XX]. Im 17. Jahrhundert hatte die meist verbreitete Nachtuhr ein abnehmbares Oberteil, so daß man eine Lampe hineinstellen konnte. Das Licht fiel durch ein kleines Loch auf eine sich drehende Scheibe, die nachts die Zeit anzeigte [Tafel XIX]. Nachtuhren ohne Licht hatten eine Repetiervorrichtung, die den nächsten Stundenschlag auslöste, wenn man eine Schnur zog. Eine andere Art Uhren besaß ein Zifferblatt, dessen Zahlen plastisch waren, so daß man sie ertasten konnte.

Von dem englischen Uhrmacher Miller wird berichtet, daß er im 18. Jahrhundert einen Automaten in Gestalt eines Mannes besaß, der gegenüber einer Pendeluhr stand, beim Schlag der Uhr die Türe öffnete, einen Vorhang zurückzog und mit lauter Stimme die Zeit ankündigte. Ein wahrer Vorläufer des Tonfilms war die sprechende Uhr, die mittels eines besprochenen Films stündlich mit menschlicher Stimme die Zeit ansagte. Die Uhr, die die Form eines aufrecht stehenden Grammophons hatte, wurde Anfang des 20. Jahrhunderts von dem Berliner Bernhard Hiller (gest. 1958) erfunden. Eine Gesellschaft, die diese Uhr herstellte, ging mit großen Verlusten in Konkurs.

43 Sinkballuhr, etwa 10 cm Durchmesser; gezeichnet *Jakob Behan, Wien*

IX Schiefe-Ebene-Uhr, getrieben vom eigenen Gewicht; wenn sie unten anlangt, wird sie auf den höchsten Punkt des Bretts zurückgesetzt; Ende 17. Jahrhundert

44 Uhr von Charles Boulle, eingelegt mit Messing, Schildpatt und Perlmutter, verziert mit Blattgold. Das Werk ist gezeichnet *Salles à Caën, 1700*

VIERTES KAPITEL

Französische Uhren 1700-1800

„Ich sehe, daß unterteilte Zeit nie lang ist
und das Gleichmaß alles Geschehens abkürzt.“
Mme. de Staël

In Frankreich standen die Uhrmacher vor der Französischen Revolution in hohem Ansehen. Sie wohnten auf Anordnung des Königs im Louvre, sie galten als Künstler, speisten im Palast an der Tafel der Kammerherrn und hatten das Recht, wie die bevorzugten Mitglieder der Hofhaltung jederzeit vor dem König zu erscheinen. Jeden Morgen, wenn der König sich ankleidete, zog auch der diensttuende Uhrmacher die königlichen Uhren auf und stellte die Taschenuhr, die der König zu tragen gedachte.

Unter Ludwig XIV. bewohnten im Jahre 1712 Jeremias und Louis Martinot, Augustus Bidault und Charles Boulle die Unterkunft der Uhrmacher. Inzwischen hatte sich in Frankreich die Kunst der Ausschmückung von Uhren auffallend gewandelt. An die Stelle der Linienform, die an sakrale Bauformen erinnerte, waren wundervolle klassische Formen getreten, wie sie von berühmten und begabten Kunsttischlern vorgeschrieben wurden [Tafel X]. Zu ihnen gehörten beispielsweise auch der berühmte Neuwieder Kunsttischler David Roentgen und sein Uhrmacher Kinzing, die zahlreiche kostbare Intarsienmöbel mit eingebauten Uhren und anderen Mechanismen an den französischen, preußischen und russischen Hof lieferten. Zu den Uhrmachern, die in Frankreich den klassischen Stil förderten, zählte vor allem

45 Briefkopf eines französischen Uhrmachers, 18. Jahrhundert

X Konsol-Uhr, frühes 18. Jahrhundert, signiert: *Bastian à Paris*. Das Gehäuse ist mit Einlegearbeiten aus Messing, Schildpatt sowie mit Blattgoldauflagen geschmückt; jetzt im Victoria-und-Albert-Museum, London

XI Uhr aus der Mitte des 18. Jahrhunderts von Jérome Martinot, Paris. Das Gehäuse besteht aus getriebenem Goldblech, getragen von einer Elefantenfigur aus Bronze, die auf einem Postament von Ebenholz mit Blattgold steht. Signiert: *Fait par Caffiéri*. Steht im Viktoria-und-Albert-Museum, London

46 Vergoldete französische Metalluhr in Gestalt einer von Putten getragenen Kugel; um 1700. 1854 wurde die Uhr von Vulliamy wieder hergestellt. Höhe 1,10 m

Charles Boulle, der durch auffallende Einlage von Messing, Schildpatt und Schildkrötenschalen schnell berühmt wurde und mit jenem Stil harmonisierte, den Roentgen in seinen Intarsienmöbeln vertrat [Bild 44]. Viele Museen und auch private Uhrensammler sind im Besitz kostbarer Boulle-Uhren. Jedoch ist es nicht immer sicher, ob derartige Uhren wirklich echte Boulle-Uhren sind.

Um Ludwig XIV. zu schmeicheln, schuf der Uhrmacher Burdeau eine Automatenuhr aus vergoldetem Messing, die den König auf seinem Thron zeigte. Alle Viertelstunden bewegten sich die deutschen Kurfürsten und die Fürsten Italiens hinauf zum „Großen Alleinherrscher" und verbeugten sich; danach schlugen sie die Viertelstunde mit ihren Stäben. Die vollen Stunden aber wurden von den europäischen Königen geschlagen, aber erst nachdem auch sie dem Monarchen ihre Huldigung dargebracht hatten. Nun war der Mechanismus der Uhr so eingerichtet, daß die Figur Wilhelms III. von England sich vor Ludwig besonders tief verneigte, und zwar deshalb, weil seine Gegnerschaft zu Ludwig wohl bekannt war. Diese Figurenuhr hatte bei Hofe einen gewaltigen Erfolg. Als sie öffentlich vorgeführt wurde, geschah etwas Unerwartetes. Durch ein Versagen des Mechanismus stürzte der König von seinem Thron und lag niedergeworfen vor den Füßen des englischen Königs. Infolge dieses peinlichen Mißgeschicks wurde der arme Burdeau für die folgende Nacht in die Bastille gesperrt.

Da Schmeichler während der letzten Jahre der Regierungszeit Ludwigs XIV. den König mit der Sonne verglichen, wurde die Pendellinse oft mit dem Antlitz des Sonnengottes Phoebus geschmückt. Um diese Zeit erwachte auch das Verlangen nach neuen Uhrformen, die in der Gestalt von Konsoluhren ihren Ausdruck fanden [Tafel XII]. Die Beliebtheit dieser Uhren setzte sich auch nach der Regierungszeit von Ludwig XIV. fort [Bild 47]. Im Gegensatz zu den französischen, entwickelte Piranesi in Italien Gehäuse für Konsoluhren, die an die Form von altrömischen Steuerrudern erinnern.

Vorzüglich gearbeitete Langkastenuhren harmonierten während des ganzen Jahrhunderts mit der Mode der Zim-

47 Blattvergoldete französische Wanduhr im Stil Louis XVI

XII Französische Wanduhr, Ende des 18. Jahrhunderts, in Blattgoldausführung. Die Stundenzahlen bestehen aus blauem Emaille, ein oft verwendeter Schmuck bei Blattgoldarbeiten. Steht im Viktoria-und-Albert-Museum

XIII *Rechte Seite:* Französische Tieruhr, Mitte des 18. Jahrhunderts. Das Blattgoldgehäuse, eingerahmt mit Brillanten, wird von einem Pferd aus Silber getragen

48 Blattvergoldete Kaminuhr aus Bronze im Stil Louis XV. aus der Rokokozeit; gezeichnet *Benoist Gerard, Paris*

mereinrichtungen [Tafel XIV und XV]. Manche schöne Uhr aus dieser Zeit kann man heute noch in Museen oder Privatsammlungen bewundern, beispielsweise in der Wallace-Sammlung in London und in vielen dänischen Museen.

Die hohe Fertigkeit französischer Uhrmacher setzte sich auch in der Zeit nach Ludwig XIV. fort. Die erstaunlichste Persönlichkeit unter den Uhrmachern Ludwigs XV. (1710 -1774) dürfte wohl Pierre Auguste Caron (1732-1799), der Sohn eines Uhrmachers, gewesen sein, denn er gewann nicht nur die Anerkennung der Pariser Akademie der Wissenschaften für seine mechanischen Erfindungen, sondern er war auch ein vollendeter Musiker und der erfolgreiche Schöpfer der beiden Lustspiele *Der Barbier von Sevilla* und *Figaros Hochzeit*, in denen schon bedrohlich die Gärung zwischen Adel und Bürgertum in Erscheinung trat. Als er von seinem Vater wegen seiner Musik aus dem Hause gewiesen und später in Gnaden wieder aufgenommen wurde, vertiefte er sich wieder in sein Handwerk und erfand schon in seinem 20. Lebensjahr den Stiftengang für Taschenuhren, den ihm der Pariser Uhrmacher Lepaute streitig machte. Durch Gerichtsurteil wurde ihm aber die Rechtmäßigkeit seiner Erfindung zugesprochen. Die Erfindung und der Streit darüber drang auch an die Ohren Ludwigs XV., der dem jungen Uhrmacher den Auftrag erteilte, für Madame Pompadour, seine Mätresse, eine möglichst kleine Uhr herzustellen. Da das Ührchen, das einen Durchmesser von nur 9 mm besaß und auf einen Fingerring montiert war, zur vollen Zufriedenheit des Königs ausfiel, verlieh er Caron den Hoftitel. Als dieser später die junge Frau, durch deren Fürsprache er an den Hof gekommen war, heiratete, nannte er sich Caron de Beaumarchais.

Caron war jedoch nicht der einzige, der derartige Miniaturührchen hergestellt hat. Schon aus dem 16. Jahrhundert wird von einem Uhrmacher Johann Capobiano (gest. 1570) berichtet, der für den Großtürken eine Uhr anfertigte, die so klein war, daß sie auf einem Fingerring Platz gehabt habe. Derselbe Meister verfertigte später für Ubaldo, den Herzog von Urbino, eine Ringuhr, die die zwölf Tierkreise zeigte, außerdem eine bewegliche Figur auf dem Zifferblatt besaß

49 Caron de Beaumarchais, Uhrmacher und Schauspieldichter; von einem unbekannten Künstler

XIV *Linke Seite, links:* Französische Langkastenuhr von 1780, gezeichnet: *R. Robin à Paris.* Das Gehäuse ist mit Tulpen- und Rosenholz eingelegt. Die Uhr ist von der vergoldeten Figur des Chronos gekrönt. Hersteller ist B. Lieutard. Sie befindet sich im Viktoria-und-Albert-Museum, London

XV *Linke Seite, rechts:* Elegante französische Langkastenuhr in Säulenform aus der Provinz (um 1770). Aufgenommen bei Hamish Antiques Ltd, London

XVI Lyraförmige Uhr aus dem späten 18. Jahrhundert, signiert: *Kinable.* Sie soll im Besitz der Königin Marie Antoinette gewesen sein. Das Gehäuse besteht aus Sèvres-Porzellan und getriebenem Goldblech. Das Zifferblatt aus bemalter Emaille ist mit einem Kranz Brillanten eingerahmt

und mit einem Schlagwerk ausgestattet war. Man berichtet auch, daß er für den Kardinal von Sitten eine Uhr auf einem Leuchter schuf, die die Stunden schlug und eine Kerze anzünden konnte. Nicht nur Uhrmacher der Vergangenheit verstanden es, Miniaturuhren herzustellen. Ein geniales Meisterwerk der Uhrmacherkunst aus jüngster Zeit ist die astronomische Riesenuhr von Kamiel Festraets in St. Truiden (Belgien), die aus nicht weniger als 20000 Einzelteilen besteht. Unter den 200 Zifferblättern befindet sich eine Miniaturuhr, die so winzig ist, daß man sie nur mit dem Vergrößerungsglas erkennen kann. Die Uhr, an der der Meister fünf Jahre baute, erhielt auf der Brüsseler Weltausstellung 1935 die Goldene Medaille.

Der Widersacher Carons, der schon genannte Jean André Lepaute, ebenfalls Uhrmacher des Königs, baute eine Uhr, die durch die Wärme eines Kamins betrieben wurde. Ein vierter königlicher Uhrmacher, Jean Antoine Lepine, kam mit 24 Jahren aus der Schweiz nach Paris und wurde ein Freund Voltaires, der in Ferney eine Fabrik gründete, in der er vierzig Uhrmacher, die aus Genf ausgewiesen worden waren, beschäftigte. Die Fabrik erfreute sich ihrer Blüte nur so lange, wie Voltaire seine Freunde überreden konnte, sie zu unterstützen.

Aber noch andere Uhren wurden in jener Zeit konstruiert: astronomische Uhren. Es konnte zwanzig Jahre dauern, um die verschiedenen Bewegungen einer wirklich komplizierten astronomischen Uhr zu berechnen, und zwölf Jahre, bis sie fertiggestellt wurde. So lange brauchte Admiral Passemont, um die genauen Einzelteile auszuarbeiten, die dann unter seiner Anleitung Danthiou baute, und die er 1750 dem König zu Versailles als Geschenk übergab [Bild 50]. Die Uhr ist heute noch vorhanden.

50 Astronomische Uhr zu Versailles, von Passemont und Danthiou hergestellt für Ludwig XVI.

Noch andere berühmte französische Uhrmacher wären zu nennen: Pierre Le Roy, Ferdinand Berthaud und Abraham Breguet. Le Roy erbte das Talent seines Vaters Julien, der einen Repetiermechanismus erfunden hatte, der unübertroffen war. Sein Sohn konstruierte ein ausgezeichnetes Chronometer. Der Schweizer Berthaud ließ sich mit neunzehn Jahren in Paris nieder. Die Bücher, die er später schrieb,

52 Vasenförmige Uhr aus Sèvres-Porzellan mit reichem blattvergoldetem Schmuck; hergestellt unter der Regierung Ludwigs XVI.

51 Breguets *Synchronisator*, in dem Standuhr und Taschenuhr vereinigt sind; letztere wird durch die Standuhr reguliert. Die Uhr wurde 1814 für den Prinzregenten hergestellt und befindet sich heute noch in der Familie

erhoben den Anspruch, alles zu enthalten, was damals über Uhren bekannt war. Ein von ihm stammender Regulator soll 1793 aus den Tuilerien entwendet worden sein, nachdem man die Uhr, um sie wertlos erscheinen zu lassen, vorher weißgekalkt hatte. Abraham Breguet war ein sehr begabter Uhrmacher, denn alles, was er herstellte, arbeitete ungewöhnlich gut und trug dazu noch den Stempel seiner höchst eigenartigen Erfindungskraft. Vielleicht ist es seine bedeutendste Tat, daß er eine Uhr schuf, die eine Taschenuhr regulieren konnte [Bild 51]. Sie konnte letztere richtig stellen, wenn die Abweichung 20 Minuten nicht überschritt. Das ging so vor sich: An einem vorbestimmten Zeitpunkt wurde aus dem Werk eine kleine Kolbenstange vorgeschoben, die ein Hebelchen am Rande der Taschenuhr ergriff. Das Hebelchen seinerseits wirkte auf eine Radachse, die den Minutenzeiger richtig stellte und den Regulierhebel nach der für den Ausgleich der Fehlanzeige geeigneten Seite verschob; gleichzeitig zog eine andere aus der Uhr hervortretende Kolbenstange die Uhr auf.

Vor der Regierung Ludwigs XV. waren Kaminmanteluhren die Ausnahme, kamen aber in Mode, als die Vorliebe für den Rokokostil zunahm und man damit begann, Uhrgehäuse, Konsole, Kaminmantel und andere Zimmereinrichtungen mit Tier- und Pflanzensinnbildern zu schmücken, die oft in einer phantastischen Fülle von Arabesken die Oberflächen bedeckten, die die absichtliche Vermeidung von Symmetrie erkennen ließen [Bild 48]. Die kleinen menschlichen Gestalten an diesen Uhren waren mitunter Nachbildungen von den Gemälden Pillemonts.

53 Uhr in Gestalt eines Vogelkäfigs, 1730 von französischen und Schweizer Uhrmachern hergestellt. Jede Stunde singen die Vögel, und eine kleine Fontäne tritt in Tätigkeit

XVII *Linke Seite:* Eine andere Prachtuhr, die ebenfalls für Marie Antoinette hergestellt sein könnte. Auch dieses Gehäuse ist aus Sèvres-Porzellan, eingefaßt mit getriebenem Goldblech. Steht im Viktoria-und-Albert-Museum, London

54 Eine reich mit Schildpatt und Blattgold verzierte Kaminuhr von Edward Prior, London; hergestellt für die Ausfuhr nach der Türkei. Das Zifferblatt trägt türkische Ziffern

FÜNFTES KAPITEL

Europäische Uhren 1700-1800

Die französischen Uhrmacher waren nicht die einzigen, die sich königlicher Förderung erfreuten. Wie schon ausgeführt, zog ein königlicher Hof in früheren Zeiten alle Arten erlesener Handwerkskunst in seinen Bann, ob es sich nun um Mobiliar, Modeartikel, Silbergerät oder Schmuckgegenstände handelte.

Schauen wir kurz zurück: Heinrich VIII. von England kaufte Uhren aus Nürnberger Werkstätten. Maria, Königin von Schottland, besaß wunderliche Uhren in Form eines Totenschädels [Bild 55], während ihre Base, Elisabeth von England, Bartholomew Newsam und Nicolas Urseau als ihre Uhrmacher beschäftigte. Die Kaiserin Katharina von Rußland bot dem englischen Uhrmacher John Arnold für eine Uhr, die so klein war, daß man sie auf einem Fingerring tragen konnte, die Summe von 1000 Pfund Sterling. Arnold lehnte das Angebot ab. Schon vorher hatte er ein Ührchen gleicher Art gemacht und für 500 Pfund dem Uhrenliebhaber Georg III. verkauft. Dieser zahlte auch dem schottischen Uhrmacher Alexander Cumming 1178 Pfund für eine Uhr, die ein Jahr lang täglich den Barometerstand aufzeichnete, und setzte ihm zugleich ein Jahresgehalt von 100 Pfund aus, um diese Uhr instand zu halten. Cumming war einer der erfindungsreichsten Uhren-Mechaniker seiner Zeit. Ein anderer geschickter Uhrmacher aus jener Zeit war der in London arbeitende Franzose James Tregent. Er war ein Freund des Schauspielers David Garrick. Wenn dieser im Covent-Garden Theater probte, beklagte er sich häufig über

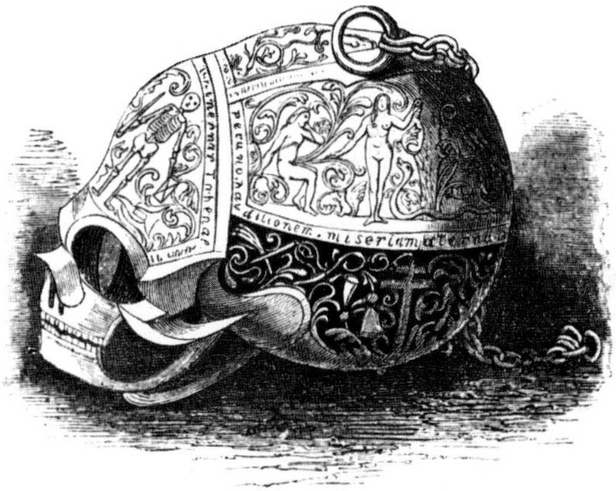

55 Taschenuhr der Maria Stuart in Form eines Totenkopfes. Die aufklappbare Schädeldecke gibt das Zifferblatt frei

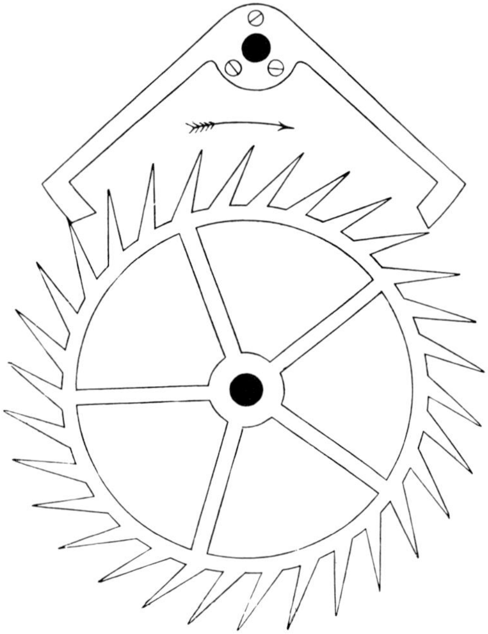

56 Die von George Graham erfundene Hemmung

die Unpünktlichkeit des Schauspieldichters Sheridan. Um ihn an Pünktlichkeit zu gewöhnen, schenkt er ihm in Verein mit dem Unternehmer eine von den Tregentschen Uhren, die mit Schlagwerk und Signalvorrichtung ausgestattet war. Im Jahre 1835 gab König Wilhelm IV. von England seinem Uhrmacher Lewis Vulliamy den Auftrag, eine Uhr, die ursprünglich für den von der Königin bewohnten Flügel im St.-James-Palast bestimmt war, umzubauen und der beabsichtigten Aufstellung im Hampton Court anzupassen. So geschah es, und erst kürzlich erhielt die Uhr ein vergoldetes Zifferblatt. Aus dieser Epoche muß noch berichtet werden, daß der Kaiser von China den Londoner Uhrmacher James Cox beauftragte, für die kaiserlichen Paläste in Peking Automaten herzustellen. Eine dieser Automatenuhren hatte beiderseitig ein Kristallzifferblatt, das einen Durchblick in das Werk gewährte. Das goldene Gehäuse war, wie es heißt, mit 100 000 kostbaren Steinen verziert: Smaragden, Rubinen, Diamanten und Perlen. Die letzte Kaiserin von China, Tsi-hi, besaß in ihrem Schlafzimmer über 500 Uhren, die dem Kaiserhof im Laufe der Zeit von fürstlichen Persönlichkeiten und Diplomaten geschenkt worden waren. Das sind nur wenige Beispiele von vielen, die zeigen, wie die Uhrmacherei in früheren Zeiten königlichen Schutz genoß.

Die Aristokratie folgte dem von den Fürsten eingeführten Brauch. Dorothea Sophia, aus der Adelsfamilie der Farnese, kaufte 1725 die wohl bedeutendste astronomische Kleinuhr von Bernardo Facini aus Parma, die von dem Mathematiker Montanari berechnet und unter dem Namen Farneser Planisphere bekannt wurde [Bild 57]. Sie hatte eine Höhe von etwa 65 cm und besaß einen Viertagegang. Sie bildete ein Geschenk des Grafen von Caserta an Papst Leo XIII. (1810 -1903). Im Todesjahr des Papstes ging sie in Trümmer. Die römische Uhrmacherfirma Hausmann & Co konnte das Werk wieder herstellen. Die für die Arbeit notwendigen Zeichnungen bedeckten 24 Zeichentische. Nach dreizehn Monaten war die Uhr instand gesetzt. Heute steht sie in tadelloser Verfassung im Vatikanischen Museum.

Im 18. Jahrhundert wurde wohl die bedeutendste Erfindung für die Uhr gemacht. 1715 erfand der Uhrmacher

Georg Graham (1673-1751) die nach ihm benannte ruhende Hemmung, die für die folgenden Jahre viele Uhrmacher auf den Plan lockte, neue Arten von Hemmungen zu konstruieren [Bild 56]. Die Graham-Hemmung gab dem Pendel im äußersten Punkt seiner Schwingung einen leichten Schub, der eine größere Gleichmäßigkeit der Pendelbewegung bewirkte, als dies bei früheren Hemmungen der Fall war, und damit auch eine größere Genauigkeit der Uhr erzielte. Bereitwillig vermittelte Graham seine Erfindung seinen Kollegen auf dem Festland. Als beispielsweise Julien Le Roy im Jahre 1728 ihn um die Beschreibung seiner Zylinderhemmung bat, sandte ihm Graham diese ohne weiteres.

Um eben diese Zeit konstruierte Arnold Finchett aus London eine bemerkenswerte Wasseruhr [Bild 65], auf demselben Prinzip fußend wie die Quecksilberuhr König Alfons' von Kastilien im 13. Jahrhundert, nach dem auch die berühmten astronomischen Tafeln genannt wurden. Diese Uhr besaß angeblich ein Zifferblatt, auf dem neben der Zeit nicht nur Datum und Mondphasen abgelesen werden konnten, sondern auch die Gezeiten in bestimmten Häfen.

Vielfach herrschte im 18. Jahrhundert die Meinung, englische Uhrmacher würden im Ausland höher geschätzt als im eigenen Land. Dies traf auf Henry Bridges zu, dessen Uhr „Mikrokosmos“ oder „Kleine Welt“ bei den Uhrmachern auf dem Festland mehr Interesse fand als in England selbst [Bild 58]. Die Uhr hatte eine Höhe von etwa drei Metern. Auf der Spitze sah man eine Szene, die die Musen auf dem Parnaß veranschaulichte, die im regelmäßigen Wechsel mit Orpheus die Tiere im Walde verzauberten. Auf dem mittleren Aufbau wurde auf zwei Zifferblättern die Sternbewegung veranschaulicht. Da die Erbauer derartiger Automaten alles beizugeben pflegten, was Eindruck machte, war auch die Uhr von Bridges mit einer Orgel versehen, die in bestimmten Abständen eine Melodie spielte. Insgesamt – so wird berichtet – benötigte der Mechanismus der Uhr an die tausend Zahnräder.

In Lüttich hatte ein englischer Jesuit, Thomas Hildeyard, eine ähnliche Uhr gebaut, die mit einer Kristallkugel gekrönt war, die das ganze Weltsystem zeigte, in dem nur die später

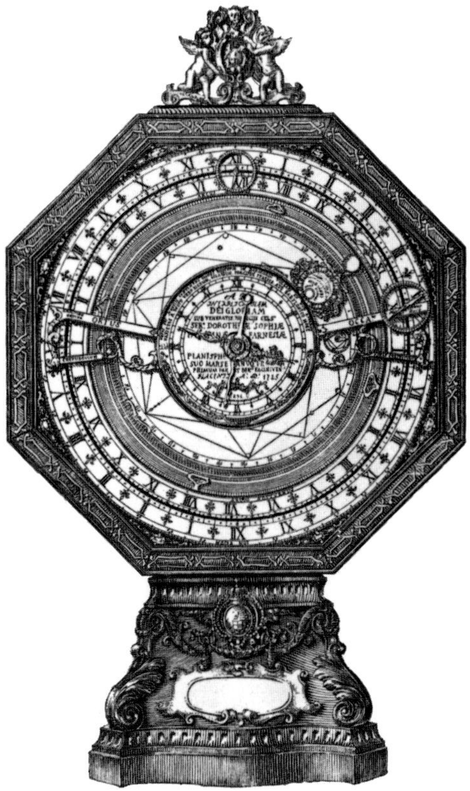

57 Die berühmte Farnesische Planisphäre

58 Henry Bridges „Mikrokosmos-Uhr“, deren Gehwerk von Isaak Newton geprüft wurde

entdeckten Planeten fehlten. Die Uhr befindet sich heute in einem Madrider Museum.

Ein bedeutender Einfluß ging nicht nur von den Uhrmachern selbst aus, sondern auch von den großen englischen Kunsttischlern der Zeit: Chippendale, Mayhew und Sheraton. Sie entwarfen Gehäuse von Großvateruhren von hoher Vollendung, die manchem Planer von Uhrenlanggehäusen in Holland und Amerika Anregung gaben [Bild 60]. Die älteste Langkastenuhr in Amerika ist mit „Fromanteel" gezeichnet und befindet sich in der Bücherei von Philadelphia. Die Old-Hall-Uhr der gleichen Stadt trägt den Namen von Devereux-Bowley aus London, eine andere befindet sich in Washington mit derselben Signatur, nur anders geschrieben: Devereux-Bowly. Er war ein wohlbekannter Hersteller von Repetieruhren und ein Mitglied der Gesellschaft der Freunde, die ihrer Schule in Clerkenwell eine bedeutende Summe vermachten und 500 Pfund der Uhrmacherzunft, deren Meister Bowley 1759 war.

Eine bedeutende Uhr englischen Ursprungs aus dieser Zeit von James Cox kaufte der mächtige russische Fürst Potemkin; sie ging vermutlich in den Besitz der Kaiserin Katharina über. Es ist die berühmte Pfauenuhr [Bild 61], die sich heute in der Eremitage von Leningrad befindet, nachdem sie von russischen Mechanikern wieder in Gang gesetzt worden war. Der lebensgroße Pfau sitzt auf dem Stumpf einer Eiche. Von Zeit zu Zeit schüttelt er den Kopf, entfaltet den Schwanz und dreht sich langsam. Auf einem unteren Zweig sitzt eine Eule in einem mit Glöckchen verzierten Käfig. Sie bewegt ebenfalls den Kopf und blinzelt mit den Augen, während der Käfig sich dreht und die Glöckchen eine Melodie zu Gehör bringen. Auf einem bodennahen Zweig sitzt ein Eichhörnchen, ihm gegenüber ein Hahn, der sein Gefieder putzt und krähen kann. Kürbisse, Efeu und Pilze wachsen am Fuße des Baumstumpfes aus vergoldeter Bronze. Der Hut eines der Pilze hat zwei kleine Öffnungen, durch die die römischen Zahlen der Stunden und in arabischen Zahlen die Minuten abgelesen werden können. Daneben bewegt sich eine Grille 60 mal in der Minute. Der tragende Untersatz der Uhr besteht aus Kristall. Die Uhr wurde, in einzelne Teile zerlegt,

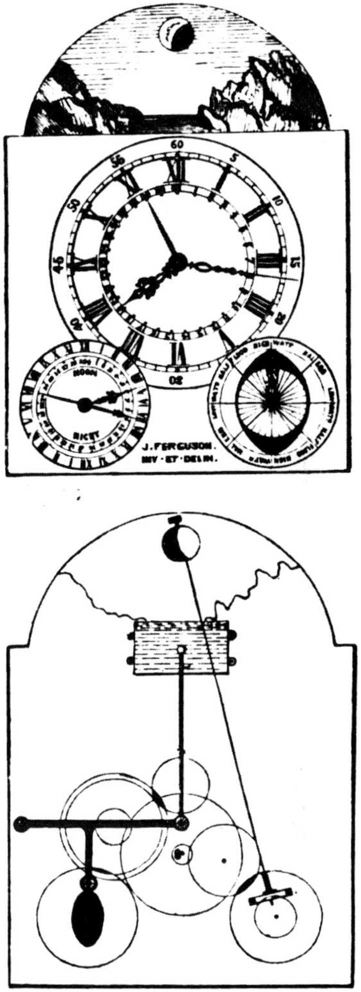

59 Schema von John Fergusons Gezeiten-Uhr

60 Amerikanische Langkastenuhr aus Mahagoni mit Seidenholz-Einlage (spätes 18. Jahrhundert)

von Cox' Werkstätten nach Rußland versandt. Ivan Kulubin, der berühmte russische Automatenbauer des 18. Jahrhunderts, wurde von Potemkin mit der Zusammensetzung beauftragt. Kulubin nahm alle Teile mit in seinen Arbeitsraum, legte sie dort auf den Boden und studierte sie während drei Wochen. Als er entdeckte, daß sich eine Feder des Pfauenschwanzes von den anderen unterschied, hatte er den Schlüssel zu dem Problem, die Uhr richtig zusammenzusetzen. Ehe Kulubin sich an diese Arbeit machte, brach in der Nachbarschaft ein Feuer aus, das auch die Werkstätte bedrohte. Der Sohn Kulubins raffte dann in aller Eile die zurechtgelegten Teile zusammen und warf sie wahllos in eine Kiste. Sein über dieses Mißgeschick betrübter Vater mußte jetzt erneut mit dem Ordnen der Uhrenteile beginnen.

Von dem Gedanken geleitet, daß derart kunstvolle Uhren eine gute Handelsmöglichkeit mit dem Ausland böten, baute Cox noch andere mit kostbarem Material ausgestattete Automatenuhren, die er indischen Fürsten zu verkaufen beabsichtigte. Da um diese Zeit Indien im Inneren in kriegerische Auseinandersetzungen verwickelt war, zerschlug sich aber diese Absicht. Da der Verkauf der kostbaren Uhren in Europa nicht möglich war, stellte Cox sie in einem Museum in London zur Schau. Die 56 juwelengeschmückten Uhren und Automaten wurden schon damals auf einen Wert von 197 500 Pfund Sterling geschätzt, und so waren außerordentliche Sicherheitsmaßnahmen erforderlich, um sie vor Diebstahl zu schützen. Unter den Automaten befand sich auch einer mit einer juwelenverzierten Vogelgruppe, die singen konnte und in einem Käfig saß, der an den vier Ecken mit kleinen goldenen Nashörnern und einem silbernen Elefanten auf Lapislazuli-Grund verziert war. Cox „Ewige-Bewegungs-Uhr" von über zwei Meter Höhe nahm den Ehrenplatz des Ausstellungsraumes ein [Bild 63]. Die Uhr wurde durch Druckänderung der Atmosphäre in Gang gehalten. Erst in den letzten Jahren wurde sie durch Sotheby versteigert und erzielte einen Erlös von 600 Pfund. Zur Zeit seiner Erfindung fand dieses außergewöhnlich glänzende Werk keine Beachtung und mußte bis ins 20. Jahrhundert warten, um

61 Die berühmte Pfauen-Uhr von James Cox, jetzt in der Eremitage in Leningrad

62 Regulator-Uhrgetriebe von Benjamin Vulliamy aus dem Jahre 1780. Die Rückwand ist abgenommen, um den Mechanismus zu zeigen

angemessen bewertet zu werden. Cox konstruierte noch eine andere „Ewige-Bewegungs-Uhr“, die durch Öffnen und Schließen der Tür des Raumes, in dem die Uhr sich befand, aufgezogen wurde. Nachdem die Ausstellung eine Zeitlang dem Publikum zugänglich gewesen war, erhielt Cox 1773 eine Parlamentsakte, die ihn berechtigte, seine Sammlung nach Art einer Lotterie an den Mann zu bringen. Der Zuschlag der verschiedenen Gewinne erfolgte zwei Jahre später.

Nicht nur englische Uhrmacher brachten im 18. Jahrhundert bemerkenswerte Uhrenschöpfungen hervor. 1786, im Todesjahr Friedrichs des Großen, waren in Berlin bei einer Einwohnerzahl von 147 000 nicht weniger als 57 Meister ansässig, die sich mit Mechanik, Orgelbau und Uhrmacherkunst beschäftigten. Namen wie Flötenbauer Hofrat Bauer, Christian Mollinger und Friedrich Lieder als Erbauer astronomischer Uhren sind unvergessen. Der Akustiker Kaufmann und sein Sohn in Dresden bauten u. a. eine Trompetenuhr mit 24 Trompeten und zwei Pauken. Die Musikuhren wurden in der zweiten Hälfte des 18. Jahrhunderts so beliebt, daß Haydn, Mozart und Beethoven eigene Kompositionen für Flötenuhren schrieben. Der Erfinder des Metronoms, Johann Nepomuk Mälzel aus Wien (1772-1838) baute ein Panmelodikon, das mit 37 Flöten, 16 Fagotts, 38 Klarinetten, 36 Oboen, 8 Trompeten, 3 Waldhörnern, einer großen Trommel, 2 Becken, Triangel und 2 Pauken ausgestattet war.

Im 18. Jahrhundert wurde in Süddeutschland auch der Keim zu einer neuen weltumfassenden Uhrenindustrie gelegt. Franz Anton Ketterer in Schönwald im Schwarzwald fertigte um 1730 die erste Kuckucksuhr an, die durch Johann Grieshaber und seine drei Brüder, durch Christian Wehrle und seine drei Söhne und durch andere eine rasche Verbreitung in aller Welt fand. In der Folgezeit bekam die Schwarzwälder Pendeluhr ein vielseitiges Gepräge. Ehe das Werk aus Messing hergestellt und Zahnradschneidemaschinen verwendet wurden, schnitzte man die Räder aus Holz, und die Glöckchen bestanden aus Glas. Später wurde das Uhrenschild immer farbiger ausgeschmückt, wobei die Motive der bergigen Heimat entstammten. In die beweglichen Figuren

63 Perpetuum-mobile-Uhr von James Cox

wurde alles Tragische, Freudige und Humorvolle der lokalen Umgebung hineingelegt: der Knödelfresser, der Holzhacker, die Schwarzwaldmühle, der stoßende Ziegenbock und selbst der Kopf abschlagende Scharfrichter.

Die intensive Beschäftigung mit der Uhr brachte auch hervorragende Uhrmacherautodidakten hervor. Zu ihnen gehörte beispielsweise der Benediktinermönch Thaddäus Rinderle (1748-1824), der als einer der größten Förderer und Gestalter der Schwarzwälder Uhrmacherei gilt. Die heute noch im Furtwanger Uhrenmuseum aufbewahrte Kastenuhr mit einem astronomischen Werk verrät sein großes Mechanikergenie. In der Geschichte der süddeutschen Uhrmacherei des 18. Jahrhunderts muß vor allem auch der württembergische evangelische Pfarrer Philipp Matthäus Hahn (1739 -1790) hervorgehoben werden, der Globenuhren, Planetarien und astronomische Uhren von höchster Präzision mit Hilfe einer Leibnizschen Rechenmaschine konstruierte. Im Germanischen Museum und in den Uhrenmuseen von Furtwangen und Schwenningen sind seine Meisterwerke der Nachwelt erhalten geblieben. Unter den großen Uhrmacherautodidakten ist auch der Augustinerfrater David a San Cajetano in Wien, ein gebürtiger Schwarzwälder, zu nennen, der das Differentialgetriebe erfand und eine astronomische Uhr von hohem Wert konstruierte. Der 1755 geborene Pfarrer Krofitsch in Lautschbach in der Steiermark baute eine Uhr, die 24 Zifferblätter besitzt. Das bemerkenswerte Werk wird heute vom Wiener Uhrenmuseum betreut.

Ein Uhrmacherautodidakt großen Formats aus jüngster Zeit war Jens Olsen (1872-1945), der Schöpfer der astronomischen Rathausuhr von Kopenhagen. Ohne Uhrmacher gelernt zu haben, eignete er sich auf vielen Studienreisen die geistigen und handwerklichen Fähigkeiten an, um eine der kompliziertesten Uhren zu berechnen, die, wie die Straßburger Münsteruhr und die Uhr von Lier, auch die Präzession, d.h. die Kreisbewegung des Pols ankündigt.

64 Messingvergoldete englische Prunkuhr aus dem 18. Jahrhundert mit beweglichen Figuren und Musikwerk; gezeichnet *Morris Tobias, London*

65 Englische Räderuhr, die mit Wasser angetrieben wird; aus dem Jahre 1735

66 Kaminuhr, Anfang des 19. Jahrhunderts; die Figur stellt Odysseus dar

SECHSTES KAPITEL

Industrielle Uhrenerzeugung

Bedenke, daß Zeit Geld ist!
Benjamin Franklin

Das 19. Jahrhundert war die Zeit, in der die Herstellung der Uhr aus dem rein Handwerklichen sich zum Fabrikmäßigen entwickelte. Dazu war vor allem die schnelle und exakte Herstellung von Einzelteilen der Uhr notwendig und ihre schnelle Zusammensetzung zur fertigen Uhr. Die Uhr besteht zum größten Teil aus Zahnrädern, auf deren exakten Maßen der Uhrengang beruht. Wie man handwerklich noch im 18. Jahrhundert Uhrenzahnräder herstellte, kann man in einem kleinen Buche *Der selbstmachende Uhrmacher* (Frankfurt a. M. 1786) lesen. Hier heißt es: „Die Räder werden entweder gegossen, oder wer damit nicht umgehen kann, der kann sie aus geschlagenem Meßing, vermittels eines Meißels aushauen. Wie das Meßing mit einem Meißel ausgehauen wird, kannst du bey jedem Schlosser sehen und auch die Meißel dazu bekommen. Das Meßing bekommt man so dick und dünn, als man haben will, bey den Eisenhändlern, die gewöhnlich mit solchem Meßing handeln.“ 1720 erfand der Bauer Matthias Löffler im Schwarzwald ein Zahngeschirr, mit dem es ihm gelang, Uhrenzahnräder so schnell herzustellen, daß die Erzeugung einer Gehwerkuhr statt bisher in sechs Tagen in einem Tage möglich war. In seinem Buche *Theatrum machinarum* berichtet Jakob Leupold von einem Zahngeschirr aus dem 17. Jahrhundert, mit dem man Zahnräder in einer Stunde statt in einem Tag herstellen konnte.

67 Nachtuhr aus dem Ende des 17. Jahrhunderts. Hinter das bemalte transparente Zifferblatt wurde ein Öllämpchen gestellt

68 Astronomische Uhr von W. Wright aus Aberdeen für die große Ausstellung 1851

Einen großen Anteil an der Entwicklung des Zahnstuhles hatte der Mönch Thaddäus Rinderle im Schwarzwald. In Frankreich wurde Montpetit berühmt durch eine Zahnmaschine, die 1767 von einer Uhrenwerkstätte in Bourg zum Preise von 32 000 frs gekauft wurde. Bis weit ins 19. Jahrhundert hinein bemühte sich die Uhrentechnik, Zahnradmaschinen zu konstruieren. Im ersten Drittel des 19. Jahrhunderts wird über Zahnradbearbeitungsmaschinen berichtet, die in England entstanden waren. 1835 gelang auch dem Uhrmacher Pfaff in Triberg die Konstruktion einer Wälzfräsmaschine. Mit dieser später verbesserten Maschine konnte man 120 Räder, für die man bisher einen Tag aufwenden mußte, in einer dreiviertel Stunde herstellen. 1852 wurde eine Zahnschneidemaschine von Lorenz Bab in Furtwangen in Paris mit einem Preis von 100 Gulden ausgezeichnet. Viele Uhrentechniker widmeten sich der vorteilhaften mathematischen Zahnradgestaltung. Vor allem war es der dänische Astronom Olaf Römer und später auch der Franzose La Hire.

Hand in Hand mit der schnellen und exakten Herstellung von Uhrenzahnrädern ging die Verbesserung des Isochronismus, die Gestaltung von Zug- und Unruhfeder und ihre Einordnung in die maschinelle Herstellung. Maschinen, meistens Eigenkonstruktionen der Uhrenfabriken, waren notwendig, um Einzelteile der Uhr von dem winzigen Schräubchen bis zur hochgezüchteten Feder kontinuierlich herzustellen und damit die Vorbedingung für die Herstellung der Massenuhr zu schaffen.

Schon im 18. Jahrhundert trat auch die amerikanische Uhrenherstellung auf den Plan. Eli Terry aus Connecticut stellte 1803 noch Uhren mit Holzrädern her, deren Gehwerk dem der alten Schwarzwalduhren glich. Er war es auch, der in Amerika den Gedanken des französischen Uhrmachers Frederic Japy verwirklichte, alle Teile einer Uhr austauschbar zu gestalten. Statt eine Uhr handwerklich als Ganzes zusammenzusetzen, bevor man mit der Herstellung einer anderen begann, wollte er aus einer großen Zahl gleichartiger Uhrenteile im Montageverfahren beliebig viele Uhren zusammensetzen. So blieb Eli Terry in der ganzen Welt der einzige, der vollständige Uhren nach diesem Verfahren in

XVIII Eine Schildpatt- und Blattgolduhr aus dem letzten Viertel des 18. Jahrhunderts, gezeichnet: *George Prior, London.* Über dem Zifferblatt in einer Halbrundung eine kleine Seelandschaft

69 Karikatur von E. M. Woodward aus dem Jahre 1820. Der beschränkte Lakai, der seinem Herrn die Zeit bringen soll, gräbt eine Sonnenuhr aus

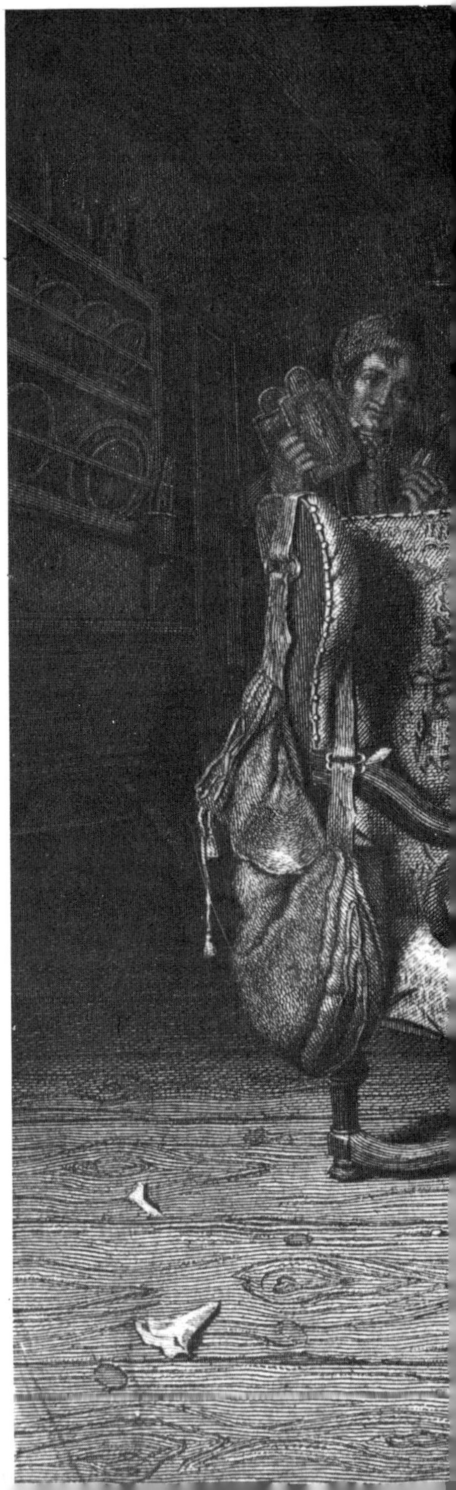

70 *Der Uhrmacher*, nach einem Stich von G. Hoesch aus der Mitte des 19. Jahrhunderts

XIX Französische Nachtuhr aus dem 17. Jahrhundert

XX Englische Projektions-Nachtuhr, signiert: *Schmalcalder*. Sie hat ein 24-Stunden-Gehwerk und wirft nachts die Zeitangaben als Lichtbild rückwärts an die Wand. Das Gehäuse besteht aus rot lackiertem Metall

XXII Amerikanische Acht-Tage-Kaminuhr, hergestellt 1835 von Birge und Fuller aus Bristol (Connecticut), etwa 67 cm hoch, Acht-Tage-Gehwerk, ein weißemailliertes Zifferblatt und glasiert bemalte Füllungen im gotischen Doppel-Kirchturmgehäuse

XXI Verbesserte amerikanische Wandbrett-Uhr, mit Acht-Tage-Gehwerk aus Messing. Signiert: *E. N. Welch of Forestville (Connecticut)*. Auf dem Gehäuse ist das neue Opernhaus von New Orleans aufgemalt

71 Französische Kaminuhr (um 1880) aus Marmor mit Goldbeschlägen

Massen herstellen konnte. Uhren aus Connecticut [Tafel XXI] waren noch mit der Schnecke ausgerüstet. Von Joseph Ives konstruiert, wurden sie hauptsächlich von der Firma Birge und Fuller in den Jahren 1825-1855 hergestellt [Tafel XXII]. Bald gelang es, große Mengen dieser billigen Uhren, die 30 Stunden liefen, nach Europa einzuführen, wo sie den Markt überschwemmten und eine stark fühlbare Konkurrenz wurden, so daß beispielsweise das schottische Uhrmachergewerbe völlig lahmgelegt wurde. Amerika verstand aber auch für den Inlandsmarkt bessere Uhren herzustellen, nicht nur in der Qualität europäischer Überlieferung, sondern auch in Abwandlung neuer und gewagter Muster, wie die gefällige Acht-Tage-Kaminuhr oder die 34-Stunden-Uhr, die ein Negersänger vor sich hält [Tafeln XXIII und XXIV].

In den voraufgegangenen Jahrhunderten waren Hausuhren verhältnismäßig teuer. Nicht nur in Amerika, sondern auch in Europa setzte im 19. Jahrhundert die Massenerzeugung von Uhren ein. Neben der einfachen Taschenuhr wurden, vor allem in England, Kaminuhren in jeder Menge in recht einnehmenden Größen und Formen hergestellt: bald wie kleine Kästchen, bald Marmordenkmälern ähnelnd oder mit sagenhaften oder geschichtlichen Figuren ausgestattet [Bilder 66 und 71]. Beliebt waren auch Uhren unter Glasglocken, die 1830 in Mode kamen. Einige dieser Uhren zeigten die Bewegung des Gehwerkes, andere waren in gemalte Landschaften eingefügt, in deren Vordergrund etwa ein Seiltänzer seine Kunst vorführte oder ein Schiff segelte. Eine Ausweitung dieser Uhrmoden waren Abbildungen von Kirchen und Türmen, in die Uhren so eingebaut waren, daß sie als Teil des Bildes galten. Um die Einbildungskraft des Volkes anzuregen, wurden auch angesehene Künstler damit beauftragt, fesselnde oder belustigende Uhrzifferblätter zu entwerfen [Tafel XXV]. Einige von ihnen zeichneten gemeinverständliche Karikaturen [Bild 69] oder auch besinnliche Bilder über Zeit, Uhren und ihre Hersteller.

Aber auch die astronomische Hausuhr war noch nicht vergessen [Bild 68]. 1823 schuf Raingo in Paris eine astronomische Uhr, die oberhalb des Zifferblattes die Bewegung der

Planeten Merkur, Venus, Erde, Mars, Jupiter und Saturn zeigte. Die Uhr wurde in zahlreichen Exemplaren hergestellt, von denen heute noch einige in Museen zu finden sind.

Mit der Zunahme des Überseeverkehrs wurden Uhren mit mehreren Zifferblättern notwendig, die gleichzeitig die Zeit in verschiedenen Teilen der Welt anzeigten. Könige und Präsidenten verlangten sie, die so imstande waren, die Tageszeit in allen unter ihrer Herrschaft stehenden Hauptstädten zu erfahren. Ähnliche Uhren wurden auch für die Öffentlichkeit hergestellt. Im Bernburger Rathaus steht eine solche Uhr, die die Zeit von Berlin, Frankfurt, München, Madrid, Paris, London, Wien, Rom, Leningrad, Athen, Kopenhagen, Algier, Istanbul, Jerusalem, New York, Philadelphia, Mexiko, Kalkutta und Peking angibt [Bild 94]. Eine andere Art Weltzeituhr war als Weltkarte gestaltet, über die ein Zeitband mit römischen Zahlen hinwegglitt, das für alle Plätze der Welt die Zeit angab.

Auch recht kuriose Ideen kamen auf, beispielsweise eine Uhr, die mit Gasdruck betrieben wurde, ähnlich wie es in Frankreich mit Druckluft ferngesteuerte öffentliche Uhren gab. In einer von Pasqual Andervalt in Triest konstruierten Uhr fielen in regelmäßigen Zeitabständen Zinkkügelchen in Salzsäure zwecks Erzeugung von Treibgas für den Betrieb der Uhr [Tafel XXVI].

Das 19. Jahrhundert war in der Uhrenherstellung nach drei Gesichtspunkten ausgerichtet: Gebrauchswert der Uhr in der Massenherstellung, Gestaltung der äußeren Form und vor allem Präzision. Die prächtigsten Uhren waren wahrscheinlich die von Carl Fabergé hergestellten Schmuckuhren, die für den russischen Zaren und den russischen Hof bestimmt waren. Fabergé war jedoch der Meinung, daß es nicht genüge, Uhren mit feinsten und kostbaren Steinen, mit Gold und Email zu bedecken, er bestand darauf, daß sie auch in bestmöglicher Handwerkskunst ausgeführt sein müßten und so den an Kunstwerke zweiten Grades zu stellenden Ansprüchen genügten.

Im 19. Jahrhundert änderte sich auch die äußere Form der Uhren. Waren die Uhrgehäuse von einst verschwenderisch und reich ausgestattet, wurden sie jetzt betont schlichte

72 Schweizer Uhr aus Gold und Email mit Spielwerk; um 1770

XXIII Amerikanische Acht-Tage-Kaminuhr, hergestellt von der Forestville Manufacturing Company, Connecticut, 1850. Höhe etwa 61 cm

XXIV Amerikanische Minnesänger-Neger-Uhr, „Sambo“, 1875. Höhe etwa 40 cm und 34-Stunden-Gehwerk. Das Zifferblatt aus weißem Papier wird von der gußeisernen bemalten Figur getragen, die mit den Augen rollt

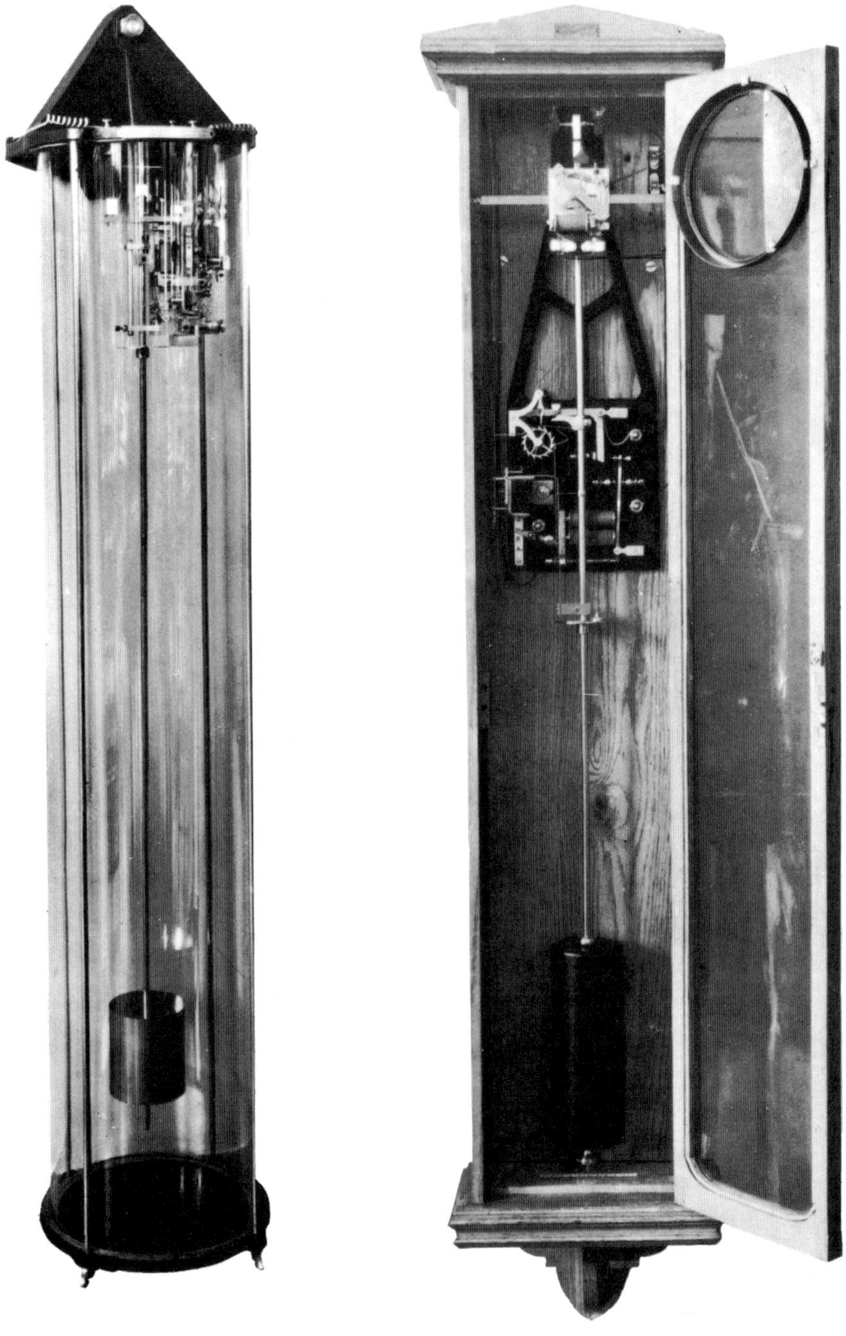

73 Freischwingende Pendeluhr
von W. H. Shortt

Zweckformen. Ein Beispiel dafür sind etwa die Uhren der Italiener Mangiarotti und Marassutti, die glatt wie ein Kiesel aussahen und sich eng an die Form von Kompaßgehäusen auf Schiffen anlehnten [Bild 74].

Für die Präzision wurde besonderes Augenmerk auf die Gestaltung des Pendels, der Zahnradformen und der Uhrfedern gelegt. Zwischen 1921 und 1924 schuf W. H. Shortt eine elektrische Uhr, in der das Pendel völlig frei vom treibenden Druck des Uhrwerks war, wodurch ein Zeitmesser entstand, der alles Vorherige an Genauigkeit übertraf [Bild 73]. Eine besondere Bedeutung hinsichtlich ihrer Präzision bekamen die deutschen Stübner-, Riefler-, Strasser- und Schuler-Pendeluhren. Mit den Namen Strasser und Stübner wurde die Glashütter Uhrenindustrie in der Welt berühmt.

Die Verbesserung des reinen mechanischen Getriebes einer Uhr genügte noch nicht, um einen einwandfreien Isochronismus zu erreichen. Die Erdumdrehung als Träger für eine genaue Zeiteinteilung ist wegen ihrer Schwankung ein ebenso unsicherer Faktor wie das mechanische Getriebe einer Uhr, auch wenn noch soviel Sorgfalt auf die Vervollkommnung des Isochronismus gelegt wird, denn kleinste Abweichungen im Gang einer Uhr summieren sich im Laufe der Zeit und können die Zeitmessung in Unordnung bringen. 1880 wurde von Curies der piezoelektrische Effekt entdeckt. Werden gewisse Kristalle unter Druck, Dehnung oder Verdrehung gesetzt, gerät der Kristall in Schwingung. Das geschieht auch, wenn man ein Quarzplättchen an einen Wechselstrom anschließt. Mit Hilfe der so erzielten regelmäßigen Schwingungen wurden Quarzuhren mit hoher Genauigkeit geschaffen. Während die besten Pendeluhren früher täglich um einige tausendstel Sekunden abwichen, konnte der Isochronismus mit Hilfe schwingender Quarze auf ein Zehntel dieser Abweichungen verbessert werden. Da aber auch Quarzuhren infolge Alterns des Quarzes in ihren Leistungen nachlassen, suchte man nach anderen, noch beständigeren Schwingungsträgern, die man dann im Ammoniakmolekül und im Caesiumatom fand, mit denen man dann eine bisher nie erreichte Schwingungskonstanz erzielen konnte.

74 Italienische Tischuhr, 1961 von Mangiarotti und Marassutti entwickelt

XXV Druck des Zifferblattes einer französischen Uhr aus dem frühen 19. Jahrhundert. Sie erinnert an Zifferblätter der alten Schwarzwalduhren. Die Bemalung stellt *Die Schwätzer* dar; Gavarni zugeschrieben, 1825

XXVI Eine Gasuhr von Pasquale Andervalt aus Triest (19. Jahrhundert), die mit Wasserstoff betrieben wurde. Steht jetzt im Museum der Uhrmacher-Innung in London

75 Thomas Mudges berühmtes Chronometer Nr. 1, Breite 13 cm; die Uhr war Anwärter auf den Längengrad-Preis von 10 000 Pfund Sterling

SIEBTES KAPITEL

Zeit und Navigation

Wie der Wind ist die Zeit,
wie die Wellen sind wir.

Swinburne

Eine genaue Ortung auf See ist heute für ein Schiff wesentlich einfacher als in den Zeiten der Segelschiffahrt. Der wachsende Überseehandel und die großen Entdeckungsreisen im 18. Jahrhundert machten es für die Schiffahrt immer notwendiger, die Kurse genau zu bestimmen. Gelänge es einer Nation, so sagte man sich damals, ein Hilfsmittel dafür zu erfinden, so hätte sie gegenüber allen anderen Handelskonkurrenten einen gewaltigen Vorteil. Und das alles hing von einer Uhr ab [Bild 81].

Der niederländische Gelehrte Gemma Frisius wußte schon um 1530, was zur Orientierung auf See notwendig war: eine Borduhr, die auf die Zeit des Ausgangshafens eingestellt war. War man dann weitab auf See, so verglich man den von der Uhr angezeigten Mittag mit dem Zeitpunkt des Sonnenhöchststandes des Schiffsortes, wodurch man den Ost- oder Westabstand des Schiffes vom Ausgangshafen ermitteln konnte, da pro Längengrad vier Minuten anzusetzen sind.

Zwar versuchte man schon im 16. Jahrhundert, Uhren auf Schiffen mitzuführen; da es sich aber um Pendeluhren handelte, versagten sie ihren Dienst, wenn das Schiff zu schwanken begann. Um den Kurs eines Schiffes zu bestimmen, mußte der Seemann sich am Himmel orientieren. Für die Nacht diente dazu das schon von Ptolemäus zur Ermittlung

76 Vereinfachtes Astrolabium für Seeleute, geborgen aus dem Wrack einer Armada-Galeone im Jahre 1588

XXVII Diese Chanticleer Ei-Uhr von Carl Fabergé schenkte Zar Nikolaus II. im Jahre 1903 der verwitweten Kaiserin Maria Feodorowna. Das Gehäuse besteht aus durchscheinendem blauem Email, das mit reichen Goldornamenten verziert ist. Beim Stundenschlag kräht der bunte Hahn und schlägt mit den goldenen, diamantenverzierten Flügeln

von Länge und Breite benützte Astrolabium und für den Tag der Sextant, mit dem durch Messen des Sonnenabstandes vom Horizont die Zeit bestimmt wurde. Diese Instrumente konnten nur bei klarem Himmel verwendet werden. War der Himmel bedeckt, mußte man sich allein auf den Kompaß verlassen.

So galt es, eine Uhr zu erfinden, die ohne Rücksicht auf Sturm oder bedeckten Himmel dem Seemann die Möglichkeit gab, seinen Schiffsstand auf offener See zu bestimmen. 1598 hatte König Philipp von Spanien eine Belohnung von 100 000 Kronen für eine solche Erfindung ausgesetzt. Nicht lange danach erschien auch die holländische Regierung auf dem Plan und setzte eine Belohnung von 10 000 Florin aus.

Den ersten Vorstoß für die Schaffung einer seetüchtigen Uhr machte der Holländer Christian Huygens (1629-1695), der noch daran glaubte, mittels einer von ihm konstruierten Pendeluhr den Schiffskurs bestimmen zu können. Um dem Pendel auch bei stürmischer See einen gleichmäßigen Gang zu sichern, gab er ihm die Form eines gleichschenkligen Dreiecks. Die Uhr erhielt ihren Antrieb durch eine Zugfeder, die in eine Kapsel eingeschlossen war. Das Gehäuse hing in einer kardanischen Aufhängung, um die Uhr ständig in der Horizontalen zu halten, und war außerdem mit einem Bleigewicht von 50 Pfund beschwert. In der Abhandlung über diese Uhr in holländischer Sprache sind Angaben darüber zu finden, daß der schottische Kapitän Holmes Versuche mit dieser Uhr auf einer Seereise zur Feuerinsel angestellt hat. Huygens selbst kam aber zur Überzeugung, daß mit einer Pendeluhr das Längenbestimmungsproblem nicht exakt gelöst werden könne.

Während Gottfried Wilhelm Leibniz (1646-1716) tragbare, mit zwei Zugfedern ausgestattete Uhren für die Lösung des Längenbestimmungsproblems vorschlug, von denen er annahm, daß eine derartige Uhr die größte Gleichförmigkeit des Ganges aufweisen würde, veranlaßte ein 1720 von der Pariser Akademie der Wissenschaften ausgeschriebener Preis den englischen Uhrmacher Sully im Jahre 1729, der Akademie eine Seependeluhr mit einer Hebelhemmung vorzuführen, mit der auf der Garonne gute Resultate er-

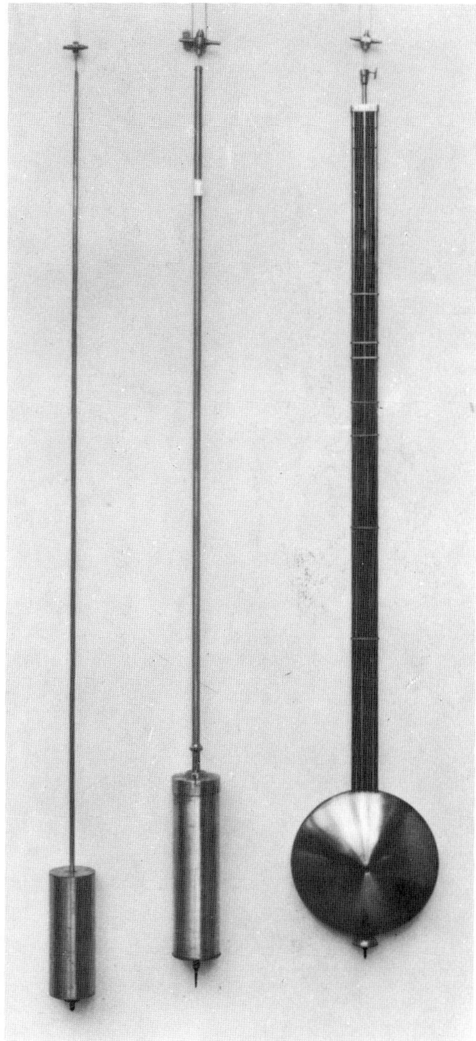

77 Drei Uhrpendel. *Links:* einfaches Pendel ohne Ausgleich; *Mitte:* Grahams Quecksilber-Pendel; *rechts:* Harrisons Gitter-Ausgleichspendel

zielt wurden; als aber der Kapitän Radouay die Versuche auf offener See fortsetzte, versagte die Uhr.

Nach mancherlei Versuchen schien die Schaffung einer seefesten Uhr unlösbar. Der Astronom und Uhrmacher Morin sagte einmal zu Richelieu (1585-1642): „Ich weiß nicht, was ein solches Unterfangen dem Teufel bedeuten würde, für den Menschen wäre es zweifellos der Gipfel der Tollheit." Kein geringerer als Newton (1643-1727) war es, der in einer Denkschrift alle ihm bekannten Vorschläge und praktischen Ausführungen einer Kritik unterzog und den Vorschlag einer Prämienausschreibung machte. In einer Bill, die im zwölften Regierungsjahr der Königin Anna erschien, wurden 10 000 Pfund Sterling für denjenigen ausgeschrieben, der eine Methode erfände, um auf der Fahrt von England nach Westindien die Länge auf 1 Grad genau zu bestimmen, 15 000 Pfund wurden für eine Abweichung von $^2/_3$ Grad und 20 000 Pfund für eine solche von $^1/_2$ Grad ausgesetzt.

78 John Harrison, der Erfinder des Seechronometers. Von einem unbekannten Maler

Um diese Zeit lebte in England John Harrison (geb. 1693 in Barrow), ein einfacher Handwerker, der, ohne jemals eine Uhrmacherlehre durchgemacht zu haben, eine große Fertigkeit in der Uhrmacherkunst erreichte [Bild 78]. Um 1728, als er 35 Jahre zählte, hatte er die Pläne für eine federgetriebene Uhr fertig, von der er annahm, daß sie allen Witterungen und Gefährdungen auf See standhalten werde. So reiste er nach London, in der Hoffnung, den Preis zu gewinnen. Indessen wurde seine Zuversicht erschüttert, als er seine Pläne dem „ehrenwerten George Graham" vorwies. Dieser hochbegabte Uhrmacher riet ihm, nach Yorkshire zurückzukehren und dort erneut zu prüfen, ob seine Uhr den Erwartungen entspräche. Graham war von dem, was er bei Harrison gesehen hatte, so beeindruckt, daß er ihm 200 Pfund lieh. Während der nächsten sieben Jahre, in denen er in Yorkshire als Uhrmacher tätig war, machte er weitere Versuche mit verschiedenen Uhren, bis er glaubte, sie vollkommen gestaltet zu haben. Dann fuhr er erneut nach London. Dort gelang es ihm, daß sein Chronometer Nr. 1 [Bild 79] an Bord eines Schiffes nach Lissabon und zurück ausprobiert wurde. Die Uhr bewährte sich besser, als man er-

79 John Harrisons Chronometer Nr. I; hergestellt 1735

80 John Harrisons Chronometer Nr. IV, das ihm den Preis vom Längengrad-Ausschuß einbrachte

wartet hatte, und obwohl sie noch nicht vollkommen war, lieh man ihm weitere 500 Pfund zur Fortsetzung seiner Arbeit. Da England sich damals mit Spanien im Kriegszustand befand, konnten weitere Modelle nicht ausprobiert werden, ohne daß man hätte fürchten müssen, das Chronometer könne in Feindeshand fallen. Gegen Ende des Krieges hatte Harrison sein viertes Modell fertiggestellt, eine große Taschenuhr von etwa 13 cm Durchmesser. Diese Uhr wurde 1761 als Seeuhr von der H.M.S. Deptford auf einer Fahrt nach Jamaica mitgenommen. Obwohl die Uhr sehr gut arbeitete, bezweifelte der mißtrauische Längengrad-Ausschuß das Ergebnis mit dem Entscheid, es sei nur einem Zufall zu verdanken und deshalb müsse die Zahlung des Preises verweigert werden. Drei Jahre später wurde ein weiterer Versuch mit einem noch besseren Ergebnis unternommen. Der Längengrad-Ausschuß zahlte Harrison nun widerstrebend 5000 Pfund à conto aus. Einige weitere tausend Pfund wurden ihm später gewährt, jedoch nicht der volle Preis von 20 000 Pfund, um den er sich erst mit einem Gesuch an Georg III. im Jahre 1773 bemühen mußte. Harrison überließ seine Erfindung der Nation. Er starb 1776 im Alter von 83 Jahren; in der Südwest-Ecke des Hampstead-Friedhofes wurde er beigesetzt.

Harrison war der erste Uhrmacher, der die Unregelmäßigkeit der Zeitmessung auf See überwand, soweit diese durch Ausdehnung und Zusammenziehung der Metallteile infolge Temperaturwechsels bedingt war. Es gelang ihm auch, die Reibung der Zugfeder auf ein geringes Maß herabzusetzen. Von allen Verfahren, einen Ausgleich für wechselnde Temperaturen bei Uhren (Isochronismus) zu erreichen, ist noch ein weiteres zu nennen, das dem französischen Uhrmacher Pierre Le Roy zugesprochen werden muß.

Zu den Mitgliedern des Längengrad-Ausschusses zählten Isaac Newton, Thomas Mudge und Lareum Kendall. Letzterer fertigte auf Wunsch des Ausschusses ein zweites Harrison-Chronometer, das er dann zu einem viel einfacheren Instrument abwandelte. Angeblich nahm Kapitän Cook das Kendall'sche Modell 1776 mit zur Südsee. Auch Thomas Mudge baute ein Seetaschenchronometer, das der Astronom

81 *Zeitmessung und Seefahrt*, Gemälde von G. N. Nasini (1657-1736)

82 Wheatstones Helio-Chronometer, jetzt im Museum der Wissenschaften, London

Maskelyne 1776 und 1777 prüfte und das innerhalb eines Vierteljahres nur 61,8 Sekunden Abweichungen aufwies.

Indessen wurde der französische Preis aufrecht erhalten. Pierre Le Roy legte der französischen Akademie an Hand von Zeichnungen seine Konstruktion vor. Gleiches taten andere Uhrmacher von Ruf, darunter der ebenfalls ausgezeichnete Ferdinand Berthoud, Schweizer von Geburt, Franzose durch Einbürgerung. Le Roys Plan wurde günstig beurteilt, während Berthouds Plan keine Gnade vor der Akademie fand. Le Roys Chronometer wurde jedoch nie auf See geprüft, so wurde auch der Preis nicht verteilt. Eine Zeitlang führten beide Uhrmacher ihre Bemühungen fort. 1768 wurden zwei von den Schiffsuhren von Le Roy auf einer 161 Tage dauernden Reise nach Neufundland geprüft, wobei ein günstiges Ergebnis erzielt wurde. Drei Jahre später probierte man zwei weitere Chronometer, das eine von Le Roy, das andere von Berthoud, auf einer Jahresreise nach Island, Neufundland und Kopenhagen aus. Le Roys Uhr, die sehr gut arbeitete, wurde leider nach 54 Tagen beschädigt. Aber auch Berthouds Uhr ging zufriedenstellend. Obwohl zwischen den beiden Uhren die Wahl nicht leicht war, fielen die Unterschiede doch zu Gunsten Le Roys aus. Er hatte dann allen Grund zur Empörung, als sein Erfolg für das Chronometer in Frankreich in Berthouds 1773 erschienenem Buch völlig übergangen wurde, zumal diese Schrift den Anspruch erhob, ein lückenloser Bericht über den französischen Beitrag auf diesem Gebiete zu sein.

Unter den Preisbewerbern für ein seetüchtiges Chronometer befand sich auch der Uhrmacher Thomas Mudge, der jenem Längengrad-Ausschuß angehört hatte, der Harrisons preisgekrönte Uhr begutachtet und gebilligt hatte. Mudge hatte bereits die Hebel-Hemmung erfunden [Bild 83] und in einer Taschenuhr für Königin Charlotte zur Anwendung gebracht. Diese Hemmung, so genannt, weil ihr Mechanismus mit einem Hebel arbeitet, bewirkte völlige Unempfindlichkeit der Uhren, die in Kutschen mitgenommen wurden. Mudges Chronometer [Bild 75] hatte seinen Wert auf einer Reise nach Neufundland und zurück bewiesen, stieß aber, als die Uhr anerkannt werden sollte, auf den gleichen Widerstand wie die Uhr von Harrison. Sein erstes Chronometer wurde 14 Jahre in Greenwich zurückgehalten, angeblich zur Prüfung seiner Genauigkeit. Erst nach einer Eingabe an das Parlament und nachdem er die Angelegenheit einem gewählten Ausschuß des Unterhauses vorgelegt hatte, zahlte man ihm endlich den Preis von 3000 Pfund aus.

Die zögernde Haltung der Regierung, Mudge den Preis auszuzahlen, hatte ihren Grund darin, daß dem schon genannten königlichen Astronom Maskelyne ein Chronometer bekannt geworden war, das ihm besser als das von Mudge erschien. Hersteller war der junge John Arnold, der ein Uhrmachergeschäft in London besaß. Kapitän Cook nahm dieses Chronometer mit auf die Reise. Es wurde aber vermutet, daß das Arnoldsche Chronometer keine Eigenschöpfung war, sondern die Kopie der Konstruktion eines jungen Rivalen, des Uhrmachers Thomas Earnshaw, der 1803 eine Belohnung von 3000 Pfund für sein Chronometer erhielt. Beide Männer machten jedoch durch die Verbesserungen an Chronometern diese erst zu Handelsobjekten.

In gleichem Maße wie das Chronometer erfuhr auch das Astrolabium Verbesserungen, so daß die Feststellung der Tageszeiten auf See nach Sonnenhöhe erleichtert wurde. Hier wäre vor allem Wheatstones Helio-Chronometer [Bild 82] zu nennen, auf dem wie auf einer Taschenuhr die Zeit mittels Stunden- und Minutenzeiger angezeigt wurde.

In dem Maße, wie die einzelnen Organe einer Federzuguhr vervollkommnet wurden, wurde auch in der Folgezeit das Chronometer verbessert. Auch deutsche Uhrmacher haben daran ebenso teil wie die englischen, französischen und Schweizer Uhrmacher. Eine sehr hohe handwerkliche Wertarbeit stellte beispielsweise das schon 1895 zu hoher Vollkommenheit gelangte Glashütter Marine-Einheits-Chronometer der Gebrüder Stübner dar.

Im Zeitalter der drahtlosen Nachrichtenübermittlung, durch die das Zeitzeichen regelmäßig auch den Schiffen zugeleitet wird, hat ein Chronometer für die Längenbestimmung nicht mehr die ausschließliche und erstrangige Bedeutung wie zu der Zeit, als die Schiffahrt auf ein genaugehendes Chronometer unbedingt angewiesen war.

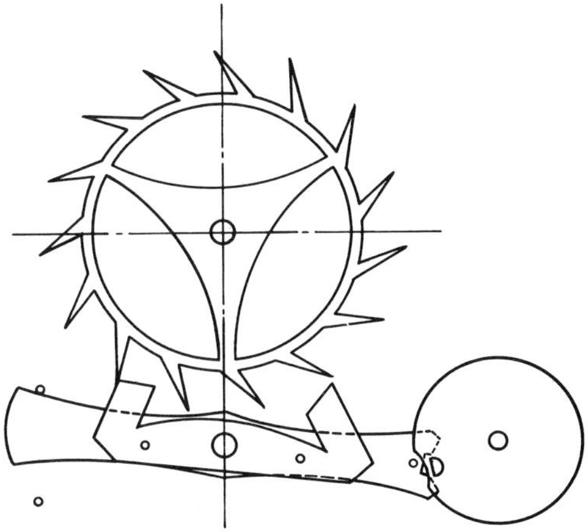

83 Schema von Thomas Mudges Hebel-Hemmung

春遊十二時
子ノ刻

Japanische Uhren

Die Uhren, die heute in Japan getragen werden, unterscheiden sich kaum von jenen, die in anderen Ländern benützt werden. Vor 1873, als Japan, das bisher von der Außenwelt abgeschlossen war, sich der westlichen Welt anschloß und auch die Zeitmessung von ihr übernahm, benützte es Uhren eigenständiger Prägung [Bild 84]. Man teilte den ganzen Tag in zwei Hälften, vom Sonnenaufgang bis zum Untergang, dann vom Untergang bis zum Sonnenaufgang. Jeder Teil des Tages maß sechs Stunden, das bedeutete sechs Stunden für den hellen, sechs Stunden für den dunklen Teil. Da aber Tag und Nacht infolge der Jahreszeiten verschieden lang sind, hatte eine Stunde des einen Teiles selten die gleiche Dauer wie die des anderen Teiles. So konnte im Hochsommer, also im Juni zur Zeit des längsten Tages und der kürzesten Nacht, eine Tagesstunde das Zweieindrittelfache der Nachtstunden betragen. Eine japanische Stunde entsprach also um diese Zeit 2 Stunden und 48 Minuten einer europäischen Stunde.

Die ersten Pendeluhren wurden von Portugiesen und Holländern nach Japan eingeführt. Es waren Laternenuhren spanischer Herkunft, die von japanischen Handwerkern als Vorbilder für die Herstellung eigener Uhren benutzt wurden, die die verschieden langen Stunden der Jahreszeiten anzeigen konnten. Es war jene Zeit, in der man auch in Europa noch die Zeit nach der wahren Sonnenzeit berechnete. Erst im 18. Jahrhundert kamen Bestrebungen auf, die mittlere Sonnenzeit mittels der Räderuhr einzuführen. Ga-

85 Japanische Uhr mit Schlagwerk in einem geätzten Messinggehäuse

84 *Linke Seite:* Japanischer Druck, der rechts oben eine japanische Pyramiden-Uhr zeigt

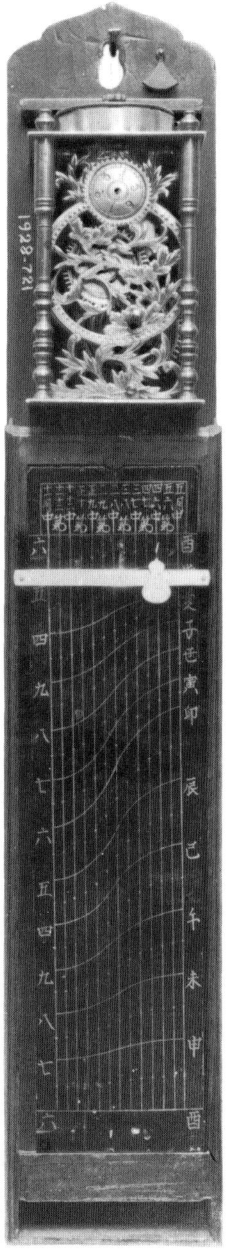

86 Japanische Pfeileruhr, die durch Unruhe und Feder getrieben wird

land und Ferdinand Berthoud bemühten sich schon 1796 in Frankreich darum. Aber bis 1816 gingen die Pariser Uhren noch nach der wahren Sonnenzeit, während in England bereits die mittlere Sonnenzeit allgemein üblich war. Den Begriff der mittleren Sonnenzeit führte der Schweizer Astronom J. A. Mallet ins bürgerliche Leben ein, von dem Gedanken geleitet, daß der sich ständig ausbreitende Eisenbahnverkehr die mittlere Sonnenzeit für den ordnungsgemäßen Ablauf des Verkehrs notwendig machte.

Die ersten japanischen nach der wahren Sonnenzeit ausgerichteten Uhren besaßen eine mechanische Umstellung, die bei Sonnenaufgang und -untergang vorzunehmen war, eine recht umständliche Arbeit. Ein weit besseres Verfahren war es, die Stundenzahlen des Zifferblattes auf kleinen beweglichen Scheiben anzubringen. Es genügte nur, diese Scheibchen alle 14 Tage durch jemand, der sich mit der Himmelsmechanik auskannte, verschieben zu lassen, damit die Uhr die sich ausdehnenden oder verkürzenden Stunden mit hinreichender Genauigkeit anzeigen konnte. Im Hochsommer zeigte das Zifferblatt die Tagesstundenzahlen mit verschieden langen Zwischenräumen in weiten Abständen und die sechs Nachtzahlen der kurzen Sommernacht in engen Abständen. Eine andere Art Uhren dieses Systems besaßen zwei einstellbare Regulatoren, den einen für die Nacht, den anderen für den Tag. Die Umschaltung von einem zum anderen geschah automatisch, und zwar jeweils bei Sonnenaufgang und Sonnenuntergang [Bild 85].

Die Reihenfolge der Stunden wurde in Japan anders gezählt. Nicht nur, daß man die Stunden rückwärts zählte, sondern es durften auch die Zahlen 1, 2 und 3 für eine Uhr nicht verwendet werden, weil sie als heilig galten und nur religiösen Zwecken dienstbar waren. So mußte nur die Zahlenreihe 4-9 die sechs Stunden einer jeden Tageshälfte bezeichnen, beginnend mit 9 als Bezeichnung für Mittag wie für Mitternacht. Um die Nachtstunden von den Tagesstunden zu unterscheiden, erhielt jede Zahl noch ein aus der Tierwelt entlehntes Sinnbild, so die Mittagsneun ein Pferd, die Mitternachtsneun eine Ratte, die Acht morgens einen Ochsen, abends ein Schaf, die Sieben morgens einen Tiger, abends einen Affen, Sechs morgens einen Hasen, abends einen Hahn, Fünf morgens einen Drachen, abends einen Hund, Vier morgens eine Schlange, abends einen Eber.

Diese durch Gewichte getriebene Uhren gab es in vier Ausführungen. Drei davon, in Bauart und Größe den europäischen Laternenuhren irgendwie ähnlich, wurden vom frühen 17. Jahrhundert an hergestellt. Die erste, mittels einer Seidenschnur oder Haken aufgehängt, war eine Wanduhr [Bild 87]. Die zweite Uhr, auf einen lackierten, abgestumpften Kegel gesetzt, von dem die Gewichte ungesehen herabhängen konnten, galt als der Pyramidentyp [Bild 84]. Die dritte Art Uhr war eine Tischuhr, die auf einem kleinen Tisch mit barocken Beinen stand, dessen Platte für die Gewichte durchlöchert war [Tafel XXVIII].

Eine vierte Art Uhren diente dazu, in einem sparsam eingerichteten Zimmer an einen Pfeiler aufgehängt zu werden. Sie besaßen eine Länge von 30 cm bis 1,20 m und dienten auch in größeren Maßen als Standuhren. Im Gegensatz zu den anderen japanischen Uhren zeigte der an einem Gewicht im Inneren der Uhr nach außen reichende Zeiger die Zeit auf einer senkrechten Zahlenskala an [Bild 86]. Diese Uhren gibt es in verschiedenen Spielarten, alle von einer überraschenden Einfachheit. Die meisten japanischen Uhren schlagen die vollen, mitunter auch die halben Stunden, wobei zwei Schläge die halbe Stunde nach einer Paarzahlstunde, ein Schlag die nach einer Unpaarstundenzahl bedeuten.

Die ersten federgetriebenen Uhren kamen schon 1839 nach Japan. Sie besaßen einen nach oben gerichteten feststehenden Zeiger, an dem das sich drehende Zifferblatt vorbeiging. Diese etwa 20 bis 30 cm hohen Uhren sahen einer Tompion-Konsoluhr nicht unähnlich. Das Gehäuse bestand aus verleimtem Holz, vorn und an den Seiten mit Glas verkleidet. Einer der bekanntesten Hersteller dieser Federzuguhren war Denjiro Kobayshi in Tokio. Mit dem Eindringen der Uhr westlicher Konstruktion wurden die veralteten Modelle unbrauchbar und schließlich ein begehrtes Sammlerobjekt von Antiquaren. Heute ist es fast unmöglich, alte japanische Uhren auf dem freien Markt zu erwerben.

87 Japanischer Druck, der links oben eine japanische Gewichtsuhr zeigt

88 Big Ben in London. Die Größe des Zifferblattes veranschaulichen die Männer, die das Zifferblatt reinigen

NEUNTES KAPITEL

Monumentaluhren

Die ersten mechanischen Klosteruhren hatten mehr die Aufgabe, das Signal zum Chorgebet zu geben als auf einem Zifferblatt die Zeit anzuzeigen. Viele dieser Uhren besaßen wahrscheinlich weder ein Zifferblatt noch Zeiger; sie gaben die Zeit nur durch Glockenschlag an. Sie ähnelten im Mechanismus der Uhr der Kathedrale von Salisbury (1386), die jetzt auf dem Boden des Nordschiffes steht [Bild 91]. Sie mag wohl von derselben Hand geschaffen sein wie das erste Werk der Uhr der Kathedrale von Wells (Somerset) [Tafel XXX], die im Laufe der Jahrhunderte viele Wandlungen und Verbesserungen erfuhr. Die erste öffentliche Uhr soll 1335 in Mailand aufgestellt worden sein und trug ein 24-Stunden-Zifferblatt. Das Schlagwerk folgte der Zahlenreihe von 1 bis 24, beginnend mit Sonnenuntergang. Bald wurden öffentliche Uhren überall in Europa aufgestellt: in Sevilla, Padua, Bourges, Wimborn, Ottery, Exeter und an anderen Orten.

Der Geschichtsschreiber Froissart berichtet, daß Philipp der Kühne von Burgund (1342-1404) nach seinem siegreichen Einzug in Coutrai die Stadtuhr abmontieren und in sein eigenes Herzogtum bringen ließ. 1325 holte König Eduard III. von England einige niederländische Uhrmacher ins Land, die eine Uhr für den Turm, den er in Westminster gebaut hatte, anfertigen sollten, nahe am Standort des heutigen Big Ben. Die Folge war eine Beschwerde der Bürger, die annahmen, daß durch die Glockenschläge das Bier in den benachbarten Kneipen sauer würde. Ebenso glaubten die

89 Die Melodie, die von Big Ben gespielt wird

90 Figur eines Glockenschlägers, der in England im 16. Jahrhundert noch die Glocken einer Uhr anschlug

91 Altes Werk aus Schmiedeeisen von der Uhr des Domes von Salisbury, gebaut 1386

PLEASE DO
NOT TOUCH

92 Uhr mit Figurenwerk, im Volke *Männleinlaufen* genannt, an der Nürnberger Frauenkirche. Die Figuren stellen Kaiser Karl IV. mit sieben Kurfürsten dar. Das Werk wurde 1361 erstmals in Gang gesetzt

Londoner im Jahre 1915, Big Ben zöge die Zeppeline heran. Von der ersten Westminsteruhr existiert nichts mehr, auch nicht von der ersten Monumentaluhr in Frankreich, die sich am Turm einer befestigten Brücke in Caën befand.

Süddeutsche und Schweizer Uhrmacher zeichneten sich durch den Bau von automatischen und astronomischen Monumentaluhren besonders aus. Ursprünglich bestand der Automat nur aus einer Figur, die die Glocke anschlug – anstelle der Turmwächter, die vorher von den Stadttürmen durch Anschlagen einer Glocke und durch Hornblasen die Stunden verkündeten [Bild 90]. Überall in europäischen Landen findet man heute noch Monumentaluhren mit Glockenmännern: in Eschwege (der Diedemann), in Brescia, Udine, Venedig, Compiègne, Bern und anderswo. Mit der Vervollkommnung der Monumentaluhren wurden viele Turm-, vor allem Rathausuhren mit größeren, vielfach originellen Figurenwerken und auch astronomischen Zifferblättern ausgestattet, die heute von den Stadtverwaltungen mit großer Sorgfalt gepflegt werden. Schöne Beispiele dafür sind das „Männleinlaufen" in Nürnberg [Bild 92] und die Figurenrathausuhr mit Glockenspiel in München. Originelle Rathausuhren mit Figuren besitzen Rothenburg, Ochsenfurt, Marburg, Tübingen, Hameln, Ulm, Eßlingen, Hildesheim, Heilbronn, Arnstadt, Jena, Plauen u. a. Wie die Straßburger Münsteruhr die Königin der Domuhren genannt wird, so war vor der Zerstörung die von dem deutschen Meister Pohl gebaute Olmützer Uhr die Königin der Rathausuhren, deren Figuren und astronomischen Zifferblätter in nüchterner Ausführung erneuert worden sind. An Monumentalität und bewundernswert technischer Gestaltung steht die Prager Rathausuhr aus dem Jahre 1490 der Olmützer in nichts nach.

Unter den italienischen Monumentaluhren ist die auf dem Markusplatz in Venedig die bekannteste [Tafel XXXII]. Die Uhr in ihrer heutigen Verfassung besitzt ein 24-Stunden-Zifferblatt mit astronomischen Daten. Neben der Figur der Madonna stehen die zwei Stundenfenster, und auf dem Dach schlagen zwei riesige Bronzemohren die Stundenglocken an. Außerhalb Italiens besaß früher auch Frankreich viele Uhren

XXVIII Japanischer Druck mit einer auf einer Konsole stehenden japanischen Uhr

MACHINA QUAE BIS SEX
TAM IUSTE DIVIDIT HORAS
IUSTITIAM SERVARE MONET
LEGES QUE TUERI

mit Glockenmännern. Dazu gehört auch die Monumentaluhr aus der Mitte des 18. Jahrhunderts von Manuel Pinto de Fonseta (1741-1773) am Palast des Großmeisters von Malta. Auch diese Uhr besitzt auf dem Dach zwei Glockenmänner. Im Inneren des Palastes steht eine schöne Orgeluhr, dessen Werk Christian Mollinger aus Berlin (1794-1826) geschaffen hat. Der Marmorglobus auf dem Gehäuse gibt die Zeit an. Das Gehäuse von dem berühmten Neuwieder Intarsienschneider David Roentgen enthält eine Orgel, die stündlich eine Melodie spielt [Bild 97].

Anscheinend entstand das große Interesse an astronomischen Uhren schon im Mittelalter aus dem Glauben des Menschen, man könne die Geheimnisse des Himmels entschleiern, wenn man die stets gleichmäßige Bewegung der Himmelskörper mittels einer Uhr genau nachahme. Wie anders könnte es zu erklären sein, daß nichts den Drang der Mathematiker, Astronomen und Uhrmacher über ganz Europa hinweg hemmen konnte, in der Ausarbeitung mehr und mehr komplizierter Mechanismen zu wetteifern. Der Klerus war über sie entzückt, nicht nur weil sie den Himmel mit der Kirche verbanden, sondern weil sie auch Kalender mit den Heiligennamen und Festtagen enthielten. Den Gemeinden schienen diese astronomischen Domuhren die Wahrheit ihrer Glaubenssätze, das Universum betreffend, zu bestätigen, und im Verein mit bunten Fenstern, Statuen, Gemälden und Weihrauchwolken erschienen sie als neuerliches Wunder Gottes in würdiger Form. Das große Ansehen, das diese Monumentaluhren mit sich brachten, hob auch den Stolz der Bewohnerschaft. Berichtet doch die Legende von der ersten Straßburger Münsteruhr, daß ihr Erbauer vom Rat der Stadt geblendet wurde, weil er die Pläne entgegen dem Verbot einer anderen Stadt verraten habe. „Als man zählt' nach Gottes Geburt 1352 Jahre, war die Uhr mit den Drei Königen in dem Münster angefangen und danach vollendet in zwei Jahren“ heißt es in einer alten Chronik über diese Uhr, die in der Folgezeit noch zweimal gänzlich umgebaut wurde, einmal im 16. Jahrhundert von Isaak Habrecht und im 19. Jahrhundert durch die Uhrenfirma Ungerer. Alle großen astronomischen Domuhren, die im

94 Die geographisch-astronomische Rathausuhr zu Bernburg mit 23 Zifferblättern

93 *Linke Seite:* Uhr am Turm des Palais de Justice in Paris aus dem Jahre 1370. Sie wurde seither viermal instand gesetzt

XXIX Eine monumentale Hausuhr, dargestellt in einer flämischen Bilderhandschrift des 15. Jahrhunderts (Britisches Museum)

XXX Das Zifferblatt der Domuhr von Wells, die ursprünglich 1392 für das Kloster Glastonbury bestimmt war, dann durch Heinrich VIII. nach Wells gebracht wurde. Das Zifferblatt hat einen Durchmesser von ungefähr 1,80 m. Der Mechanismus der Uhr wurde 1960 durch die älteste Londoner Turm-Uhr-Baufirma Thwaites & Reed, gegründet 1740, repariert

95 Der Zimmerturm in Lier (Flandern) mit der großen astronomischen Uhr des Uhrmachers Louis Zimmer

14., 15. und 16. Jahrhundert gebaut wurden, waren nach dem ptolemäischen Weltbild eingerichtet, nach dem die Erde Mittelpunkt ist. Mit dem heliozentrischen Weltbild des Kopernikus (1473-1543) wurden diese alten Uhren wertlos. Bedeutende Domuhren dieser Art besaßen damals Osnabrück, Köln, Villingen, Augsburg, Frankfurt a. M., Malchin, Heilbronn, Stralsund, Danzig, Doberan, in Frankreich Cambrai, Le Mans und Cluny. Nur eine von den alten astronomischen Domuhren, die das ptolemäische Weltbild anzeigt, ist erhalten geblieben: die Uhr im Paulusdom zu Münster. Außer der Straßburger Uhr gibt es in europäischen Landen noch zahlreiche mehr oder minder großartige Domuhren: die Verkündigungsuhr in Lyon, die Dreikönigsuhr von Lund, die Auferstehungsuhr von Besançon, die Rostocker Apostelуhr, die Bockuhr in Wismar, die Figurenuhr von Braunschweig, die Uhr im Dom zu Lübeck, die Uhr des Weltgerichtes in Beauvais, kleinere französische Kathedraluhren in Chartres, Fecamp, Bourges, Reims und Clermont-Ferrand, und Kathedraluhren in England: in Wells, Exeter, Wimborn, Ottery, Salisbury und St. Dunstan in London.

Die größte Monumentaluhr des 19. Jahrhunderts wurde 1854 für das Londoner Parlamentsgebäude in London gebaut, die im Volksmund Big Ben genannt wird [Bilder 88 und 89]. Die Uhr ist weder automatisch noch astronomisch eingerichtet. 1844 wurde Vulliamy, aus der dritten Generation einer bedeutenden Uhrmacherfamilie, beauftragt, eine große Uhr für die neuen Häuser des Parlaments zu entwerfen. Ein Nebenbuhler, E. J. Dent, der vorher eine Turmuhr in der Königlichen Wechselbank aufgestellt hatte, erbat die Erlaubnis, als Mitbewerber für die Schaffung der Uhr auftreten zu dürfen; zu guter Letzt wurden seine Pläne genehmigt. Dent starb jedoch, bevor die Uhr fertig wurde, im Jahre 1855. So wurde die Oberaufsicht beim Bau der Uhr Lord Grimthorpe übertragen, dem Erfinder der ersten wirklich erfolgreichen Turmuhrhemmung. Vulliamy, der abgewiesene einstige Bewerber, hatte viele einflußreiche Freunde: Ihre feindselige Haltung sowie die gelegentlich beim Bau auftretenden Schwierigkeiten hätten einen weniger entschlossenen Mann als Grimthorpe veranlaßt, die Flinte ins Korn zu werfen. Im

96 Uhr mit Glockenspiel und Figurenwerk am Hause des Historischen Uhrenmuseums in Elberfeld

XXXI Ein Druck, der die zweite, von Isaak Habrecht gebaute astronomische Münsteruhr von Straßburg darstellt

XXXII Möglicherweise das Originalmodell des berühmten Glockenturmes auf dem St.-Markus-Platz in Venedig, der im frühen 17. Jahrhundert errichtet wurde; er war der zweite am gleichen Platz. Die Uhr hat ein rotierendes Zifferblatt mit 24 Stundenzahlen, geschmückt mit den Tierkreiszeichen. Höhe des Zifferblattes etwa 3 m

97 Uhr im Empirestil von Christian Mollinger aus Berlin (1754-1826). Der Marmorglobus neben der Figur gibt die Zeit an. Das Gehäuse, von dem berühmten Neuwieder Intarsienschneider David Roentgen geschaffen, enthält eine Orgel

August 1856 ging die Glocke für den Stundenschlag zu Bruch. Auch die zweite Ersatzglocke bekam einen Sprung, genau dort, wo der Klöppel anschlug. Aber, seltsam genug, drehte man die gesprungene Glocke ein wenig, so daß der Klöppel sie an einer anderen Stelle traf, so klang sie großartig; dabei blieb es bis heute. Man nannte die Glocke Big Ben zu Ehren von Benjamin Hall, der sie für das Arbeitsministerium in Auftrag gegeben hatte.

Auf den zwei großen Europäischen Ausstellungen des 19. Jahrhunderts in London (1851) und Paris (1867) fanden sich unter einem Aufgebot schönster Erzeugnisse der Uhrmacherkunst auch einige für den Handel bestimmte Turmuhren. Auch sah man dort auf Laternenpfähle montierte, mit Druckluft betriebene Uhren, sogenannte pneumatische Uhren, mit denen einmal im 19. Jahrhundert ganz Paris ausgestattet war. In Spanien schmückten ähnliche, etwas abgewandelte Uhren die Promenade zu Jerez de la Frontiera, die das Firmenzeichen J. R. Losada, London, Regent Street trugen. Losada war Spanier, kam 1835 nach London, gründete dort einen Uhrmacherbetrieb und einen schwunghaften Uhrenhandel, vornehmlich mit Spanien und Südamerika.

Auf den beiden genannten Ausstellungen wurden auch zum erstenmal elektrische Uhren gezeigt. Am 24. November 1840 verlas Charles Wheatston (1802-1875), der Erfinder vieler Telegraphensysteme, beispielsweise des Fünfnadeltelegraphen, in der Königlichen Gesellschaft zu London ein Memorandum über einen von ihm erfundenen Apparat, durch den man durch eine einzige Uhr Uhren an verschiedenen Stellen steuern und betreiben konnte. Er und sein Gehilfe, der Schotte Alexander Bain, waren also die ersten, die die Idee gehabt haben, eine Uhr durch Elektrizität zu betreiben und zu steuern und dafür ein Patent im Jahre 1840 anmeldeten.

Der Uhrmacher Hipp aus Neuchâtel führte mit Hilfe dieser Erfindung neue Versuche durch und schuf ein System elektromagnetischer Fernsteuerungen. Im Laufe des 19. und 20. Jahrhunderts wurde dann die elektrische Fernsteuerung von Uhren so verbessert, daß sie heute in Städten, Fa-

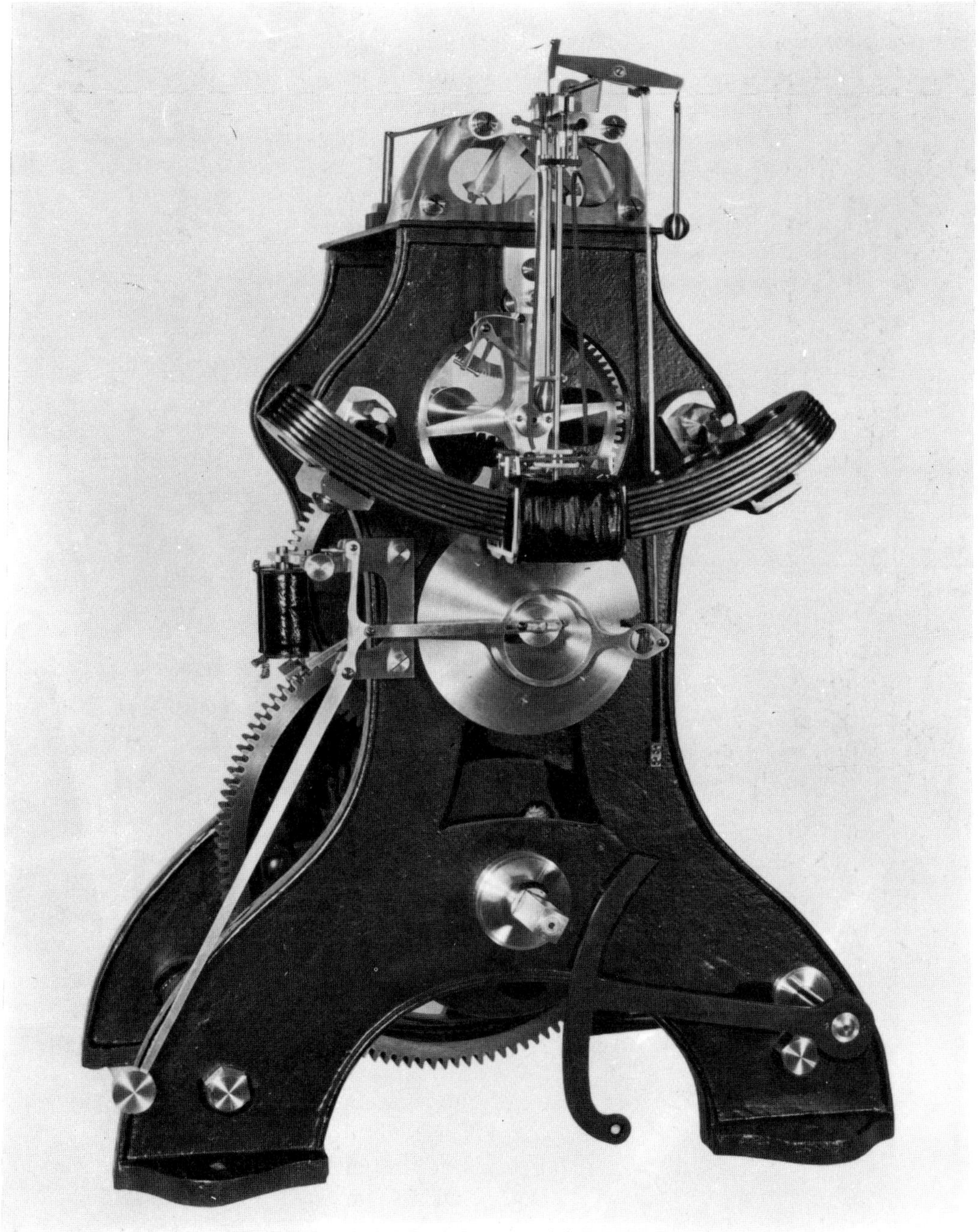

98 Die elektromagnetische Zentrale der Uhr von Wheatstone, die der Royal Society um die Mitte des 19. Jahrhunderts vorgeführt wurde

XXXIII Die älteste Turmuhr Amerikas am Whitfield-House in Guilford (Connecticut)

XXXIV Eine der anziehendsten Monumentaluhren (aus neuester Zeit) befindet sich in den Geschäftsräumen von *Time and Life Magazine* in London. Sie wurde von Christopher und Robin Ironside gebaut. Die Figuren stellen Chronos mit Sense und Sanduhr, den amerikanischen Adler und den britischen Löwen dar

99 Uhr mit Glockenspiel am Rathaus in Wolfsburg

briken, Verwaltungsgebäuden und im Eisenbahn-, Post- und Fluglinienbetrieb Allgemeingut geworden ist.

Während früher Monumentaluhren an Türmen, größeren Gebäuden und in Domen mit Figuren, Glockenspielen und astronomischem Beiwerk ausgestattet wurden und damit die Aufmerksamkeit der Beschauer auf sich lenkten, hat der reklamebeflissene Mensch des 20. Jahrhunderts die Monumentaluhr auch zum Blickfang für seine Handelserzeugnisse gemacht. Man schrieb den Namen des Erzeugnisses quer über das Zifferblatt, benützte dazu auch statt der Stundenzahlen Stundenbuchstaben oder beleuchtete das Zifferblatt mit bunten Leuchtröhren.

Im Jahre 1955 ließ die größte Bank in Lecce (Italien) auf ihrem Geschäftshaus eine Uhr anbringen, deren Zifferblatt von dem Bildhauer Francesco Barbieri ausgestattet wurde. Rund um das Zifferblatt sind zwölf allegorische Figuren angebracht, die Glück, Kraft, Gerechtigkeit, Liebe usw. versinnbildlichen. Gleiches kann von der Monumentaluhr innerhalb der Geschäftsräume von Time and Life Magazine in der Bond Street in London gesagt werden [Tafel XXXIV], die von Robin und Christopher Ironside mit plastischen Figuren ausgestattet ist, die Chronos, den britischen Löwen und den amerikanischen Adler veranschaulichen.

Viele neuere städtische Uhren sind mit Glockenspielen ausgestattet, so die Uhren auf den Rathäusern von Stuttgart, Kassel, Wolfsburg, Chemnitz, Stockholm u. a. Nicht zu vergessen sind die großartigen Glockenspiele von Holland, Flandern, Deutschland und Frankreich [Bilder 96 und 99]. Von eigenartigem Reiz sind Uhren mit Porzellanglockenspielen, von denen das Glockenspiel in der Bremer Böttcherstraße ein schönes Beispiel ist.

Oft sind städtische Uhren moderner Art im Gegensatz zu früher nüchtern und steif, wobei meistens nur das Monumentale die Aufmerksamkeit erregt. So wurde in Tokio nahe dem Parlament eine himmelstürmende Uhrensäule mit einem Kostenaufwand von einer viertel Million DM errichtet, in Erinnerung an die nie versagende Pünktlichkeit einer der größten Staatsmänner Japans, Yukio Ozaki, der sich nie bei einer Verabredung verspätete [Bild 100].

Trotz alledem, astronomische Uhren, Glockenspiele mit Uhren und Figurenuhren werden auch heute im nüchternen Verkehrszeitalter noch gebaut. Im Hofe des Deutschen Museums in München befindet sich eine derartige neuzeitliche astronomische Uhr. Auch Kopenhagen besitzt eine astronomische Rathausuhr aus neuester Zeit, die der dänische Uhrmacherautodidakt Jens Olsen baute. Eine 1955 in York-Minster erbaute Uhr zeigt als erste Uhr die Bewegung der Himmelskörper, so wie sie die Flieger sehen. Über dem Haupteingang des Gebäudes der Financial Times wurde in neuester Zeit eine astronomische Uhr angebracht, die die Mondphasen und die Stunden in einem kleinen Fenster anzeigt. In der Mitte des Kreises, das von den Sinnbildern des Tierkreises umgeben ist, befindet sich das Gesicht Winston Churchills als Sonnengott Phoebus (Apollo), umgeben von einem Strahlenkranz [Tafel XXXV].

Wohl die schönste und komplizierteste astronomische Uhrenanlage besitzt die flandrische Stadt Lier. Sie wurde von dem Uhrmacher Louis Zimmer erbaut und 1930 anläßlich des hundertjährigen Bestehens der belgischen Unabhängigkeit eingeweiht [Bild 95]. Das gesamte Getriebe der Uhr ist in einem alten Turm, genannt nach dem Erbauer der Uhr, untergebracht. Das äußere Turmzifferblatt von 1,50 m Durchmesser zeigt die absolut genaue Zeit von Greenwich. Die um den Mittelpunkt gruppierten zwölf kleinen Zifferblätter zeigen Zeitgleichung, Tierkreis, Sonnenzirkel und Sonnenbuchstaben, die Wochentage, die Bewegung der Erdkugel, die Monate, die fortlaufenden Daten, die Jahreszeiten, die Gezeiten, die Veränderung des Mondes, den Mondzyklus von Meton, der 19 Jahre umfaßt und die Epakten (= die Zahl, die angibt, wieviel Tage vom letzten Neumond bis zu einem bestimmten Tag vergangen sind). Im Turm selbst ist ein astronomisches Studio eingerichtet, in dem alles veranschaulicht wird, was sich im Weltall bewegt: die Gezeiten aller Weltgegenden, der Umlauf der Planeten um die Sonne, der Saros, d. h. die in 18 Jahren und $11^1/_2$ Tagen stattfindenden Mondfinsternisse, der Umlauf des Enckeschen und Halleyischen Kometen, die Sternschnuppenperioden, der Tagesanzeiger des Gregorianischen Kalenders, die Zeitdauer

100 Ein merkwürdiger Uhrturm in Tokio, der zu Ehren des verstorbenen Staatsmannes Yukio Ozaki errichtet wurde, weil er nie im Leben zu einer Verabredung zu spät kam

XXXV Astronomische Uhr am Gebäude der *Financial Times* in London. Die Uhr, im Jahre 1959 in Betrieb genommen, wurde durch Thwaites & Reed gebaut, die glauben, daß innerhalb 150 Jahren keine Korrektur notwendig sein werde

von Tag und Nacht während des Jahres und die Beleuchtung der Erde. Fünf sich drehende Kugeln veranschaulichen die Umdrehung der Sonne und einiger Planeten, und auf fünf weiteren Zifferblättern sieht man den Mondtag, den Sterntag, den wahren Sonnentag, die Bestimmung des Meridians und die scheinbare Verschiebung des Himmelsgewölbes. An der Decke sieht man eine sich drehende Scheibe von 2,15 m Durchmesser, auf der die Sternbilder des nördlichen Himmels verzeichnet sind und die scheinbare Bewegung des Himmels an einem Sterntag um den Polarstern zu sehen ist.

Für die Weltausstellung in Brüssel baute Louis Zimmer eine andere Uhr, die 93 Uhren in sich vereinigt. Sie steht im Alberteum (Haus der Wissenschaft) neben dem Zimmerturm. In dieser Uhr laufen Räder, die sich in einer Stunde einmal, andere, die sich in sieben Tagen, in einem Monat, in einem Jahr, in vier, fünfzehn, achtzehn, neunzehn, achtundzwanzig und siebenundsiebzig Jahren drehen. Das langsamste Rad dreht sich in 25 807 Jahren nur einmal zur Veranschaulichung der Präzession. Während dieser langen Zeit müßte das Pendel der Uhr 832 milliardenmal getickt haben, und 520 Geschlechter von je 50 Jahren Lebenszeit müßten dahingegangen sein, falls die Uhr dann noch besteht.

Auch diese Uhr zeigt auf gleich großen Zifferblättern in übersichtlicher Anordnung alle Bewegungen des Weltalls. Unter den Zifferblättern stehen in der rechten Nische die Figuren von Kind, Jüngling, Mann und Greis, die die Zeit viertelstündlich auf einer Glocke anschlagen. In der linken Nische ist ein Mann dargestellt, der das Gewicht auf den verschiedenen Planeten und der Sonne im Vergleich zur Erde darstellt. In der mittleren Nische wird das Gewichtsverhältnis an sieben Tanzfigürchen, die auf den Kugeln der sieben Planeten stehen, veranschaulicht.

In all ihren Einzelheiten und ihrem präzisen Ineinandergreifen auf verhältnismäßig kleinem Raum ist diese Monumentaluhr nicht nur eine unerreichte Merkwürdigkeit und das Vollendetste auf uhrentechnischem Gebiet, sondern auch das Ideal anschaulichen Unterrichts für den Freund der Astronomie.

Die Kunsthandel-Anzeigen haben ihren festen Platz im Feuilletonteil in der Wochenendausgabe der Frankfurter Allgemeinen Zeitung.

Die Feuilletonredaktion berichtet regelmäßig über die wichtigen Ereignisse auf dem Kunst- und Antiquitätenmarkt, über Auktionen, Ausstellungen und Messen. Die Ergebnisse und Trends, die hier beschrieben werden, sind unerläßliche Information für jeden Interessenten und Sammler.

Es gibt ein Wort von Jacob Burckhardt, wonach „das bare Geld eine Vorbedingung aller verfeinerten Kunst“ sei. Hier haben wir einen Hinweis auf die Verquickung ideeller und merkantiler Beziehungen, die in dem Wort „Kunsthandel“ angedeutet sind.

Die Rubrik „Kunsthandel-Antiquitäten“ ist das typische Beispiel einer Anzeigensparte, die nicht nur dem Inserenten und Interessenten hohen Nutzen bringt, sondern darüber hinaus mit der Fülle der Angebote interessanten Lesestoff bietet.

Was wurde und wird da alles angeboten und gesucht? Das geht von der Amsterdamer Standuhr über eine Hirtenszene von Ruysdael, ein Mandarin-Zepter aus Jade, einer Tucholsky-Erstausgabe bis zu Lüsterweibchen aus der Renaissance.

Die Qualität der Angebote steht dabei im Einklang mit der Qualität des Leserkreises. Die redaktionelle Leistung, die der Frankfurter Allgemeinen Zeitung den Ruf eintrug, zu den besten Zeitungen der Welt zu gehören, führte eine hochqualifizierte, geistig anspruchsvolle und kaufkräftige Leserschaft zusammen: aus allen Teilen des Bundesgebietes und aus dem Ausland.

Die Zahl der Anzeigen, die in der Frankfurter Allgemeinen Zeitung unter der Rubrik „Kunsthandel-Antiquitäten“ jeden Samstag veröffentlicht werden, beweist den Erfolg.

Ganz wesentlich trägt dazu bei, daß eine Vielzahl bedeutender in- und ausländischer Kunstauktionshäuser ihre Auktionen unter dieser Rubrik anzeigen. Sie wissen, welche große Beachtung die Legion der Kunstfreunde und Antiquitätensammler unter unseren Lesern diesen Anzeigen schenkt. Als Vorspann zum Kunsthandel-Anzeigenteil veröffentlicht die Frankfurter Allgemeine Zeitung vierzehntägig eine Serie unter dem Titel „Kleine Stilkunde“, in der Kunstrichtungen und Kunststile beschrieben werden. Daneben wird auf einschlägige Buchbesprechungen hingewiesen. Ein aktueller Ausstellungskalender vervollständigt diesen Informations-Service für den Kunst- und Antiquitätenfreund.

Mit der Rubrik „Kunsthandel - Antiquitäten“ bieten wir den Platz, auf dem sich Sammler und Kunsthändler, Antiquitätenhändler und Antiquare, Anbieter und Verkäufer begegnen - erfolgreich begegnen, wie wir mit Hinweis auf das seit Jahren kontinuierlich gestiegene Anzeigenaufkommen sagen dürfen.

Kunsthandel-Anzeigen in der Frankfurter Allgemeinen Zeitung

Mit einer Anzeige in der Frankfurter Allgemeinen Zeitung erreichen Sie rund 1 Million Leser überall in der Bundesrepublik Deutschland und in West-Berlin. Darüber hinaus wird die Frankfurter Allgemeine Zeitung in 144 Ländern der Erde gelesen.

Möchten Sie mehr Information? Dann schreiben Sie bitte an:
Frankfurter Allgemeine Zeitung, Anzeigenabteilung, Postfach 2901, 6000 Frankfurt am Main 1.

Frankfurter Allgemeine
ZEITUNG FÜR DEUTSCHLAND